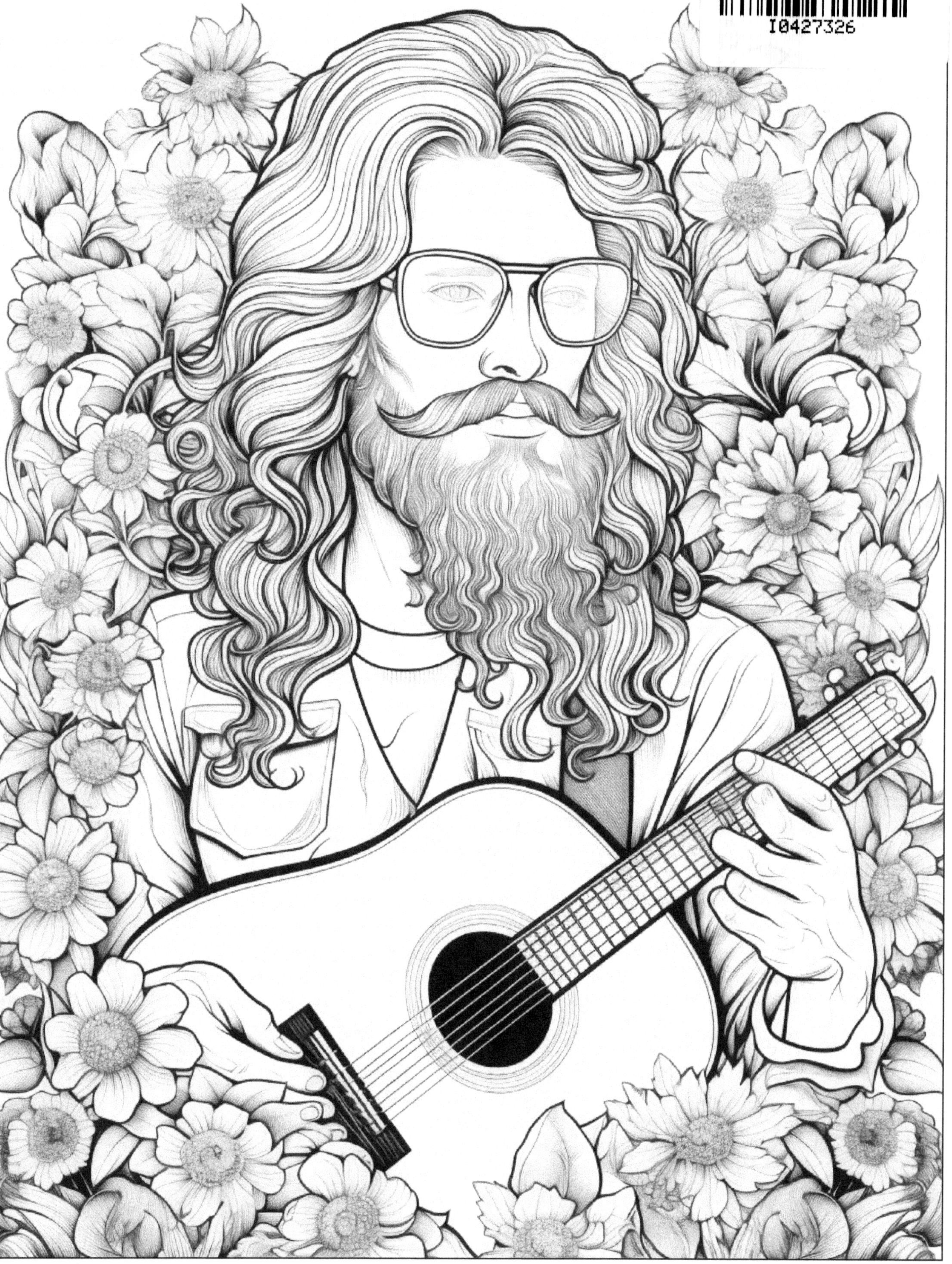

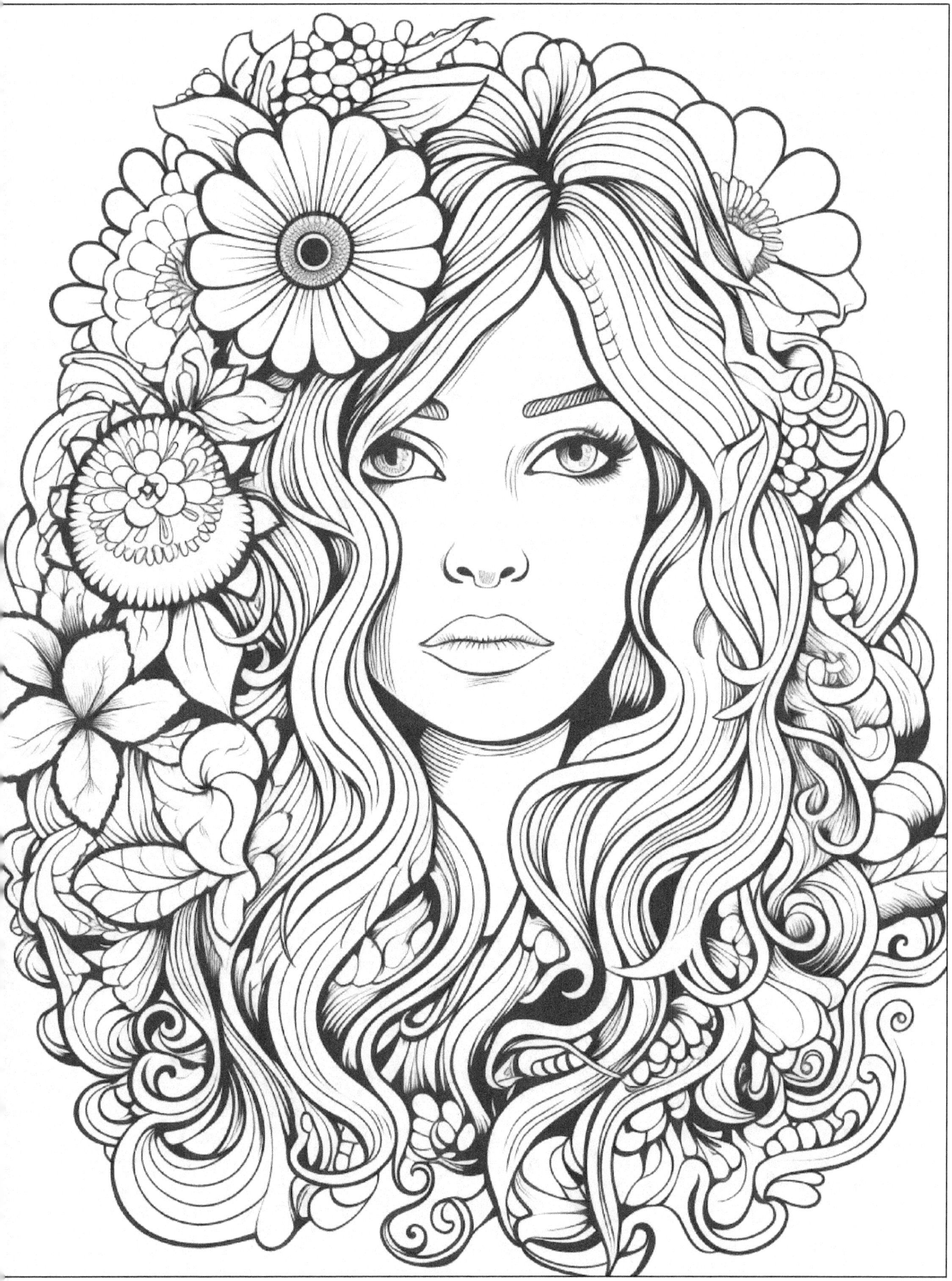

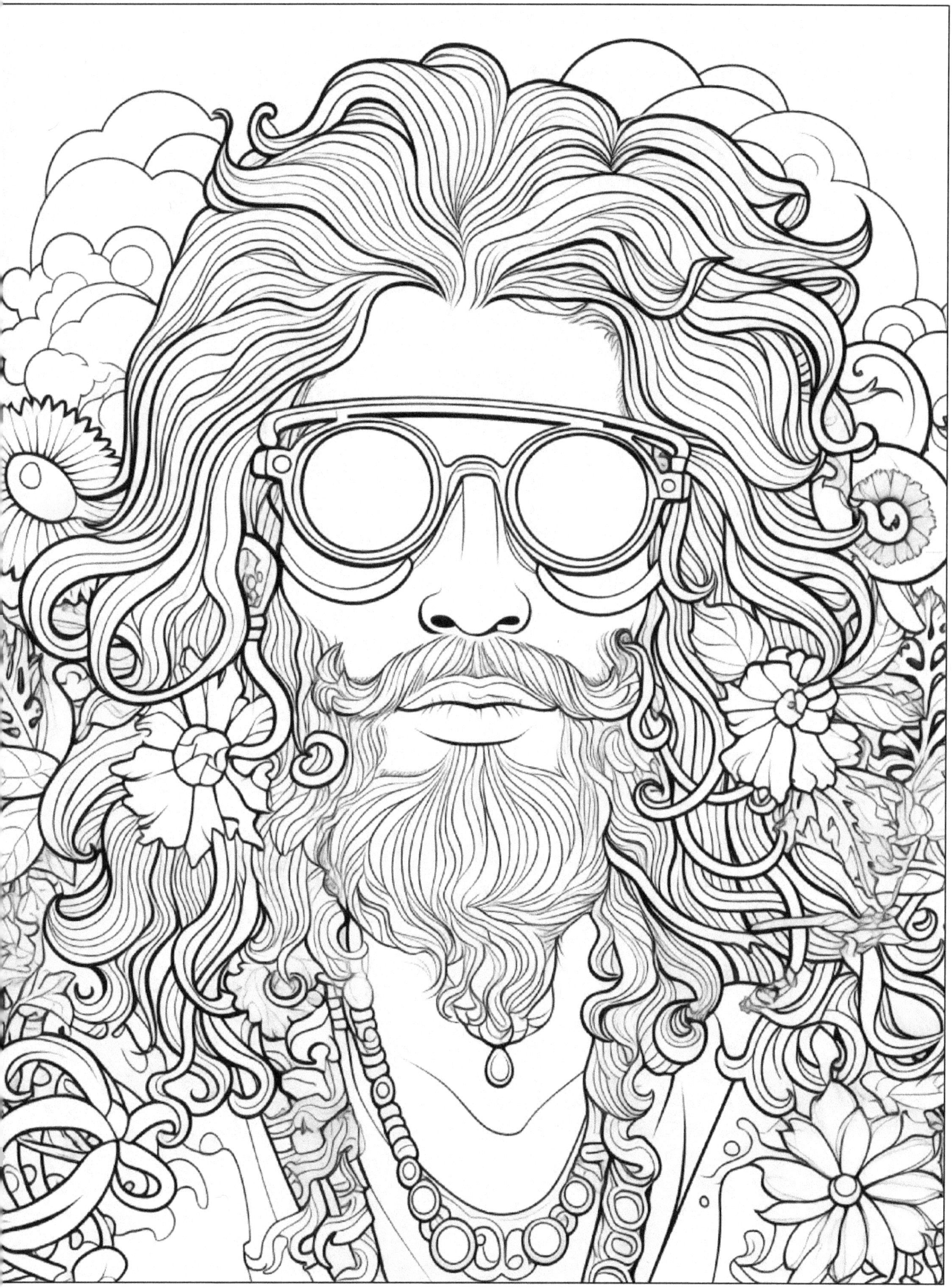

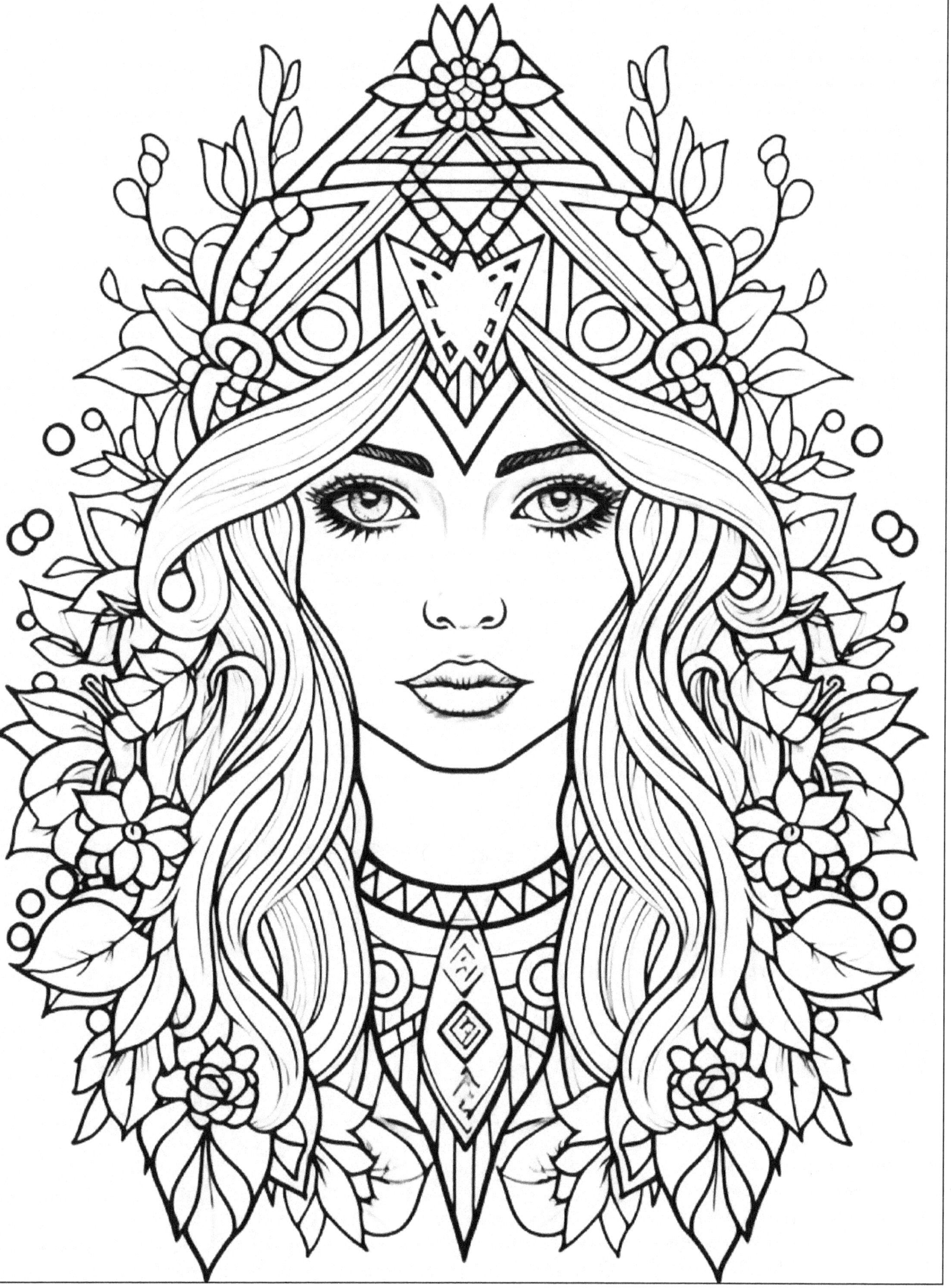

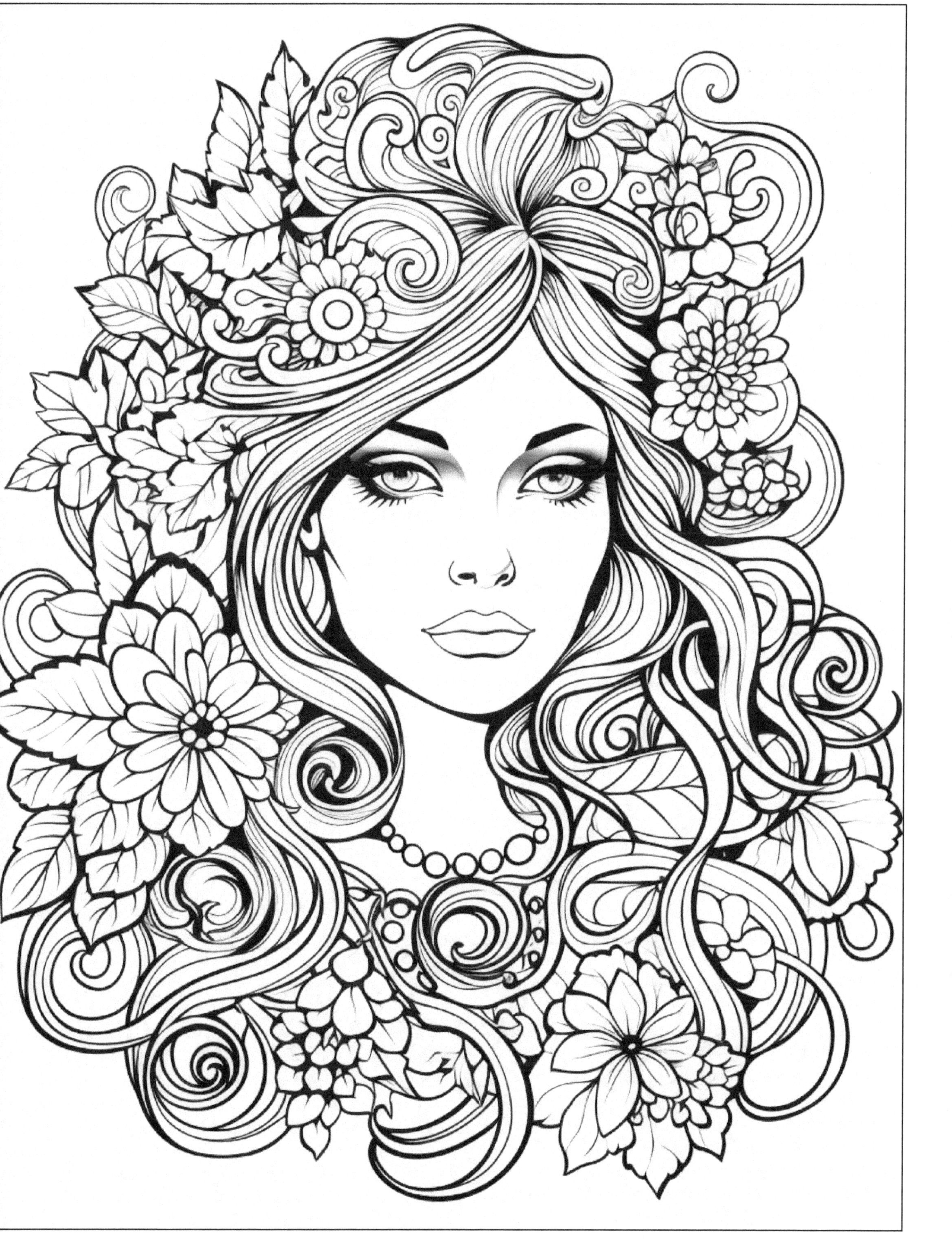

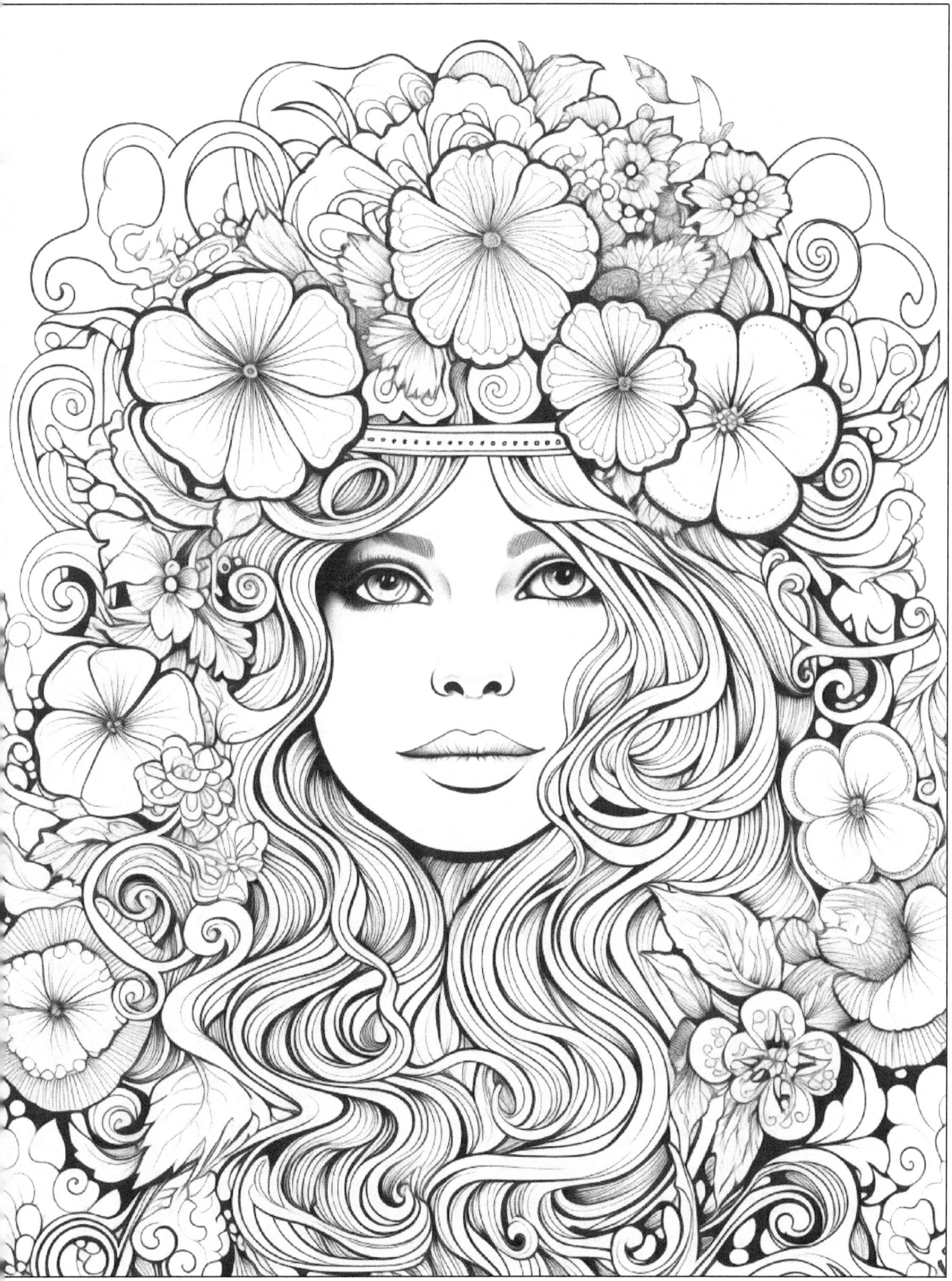

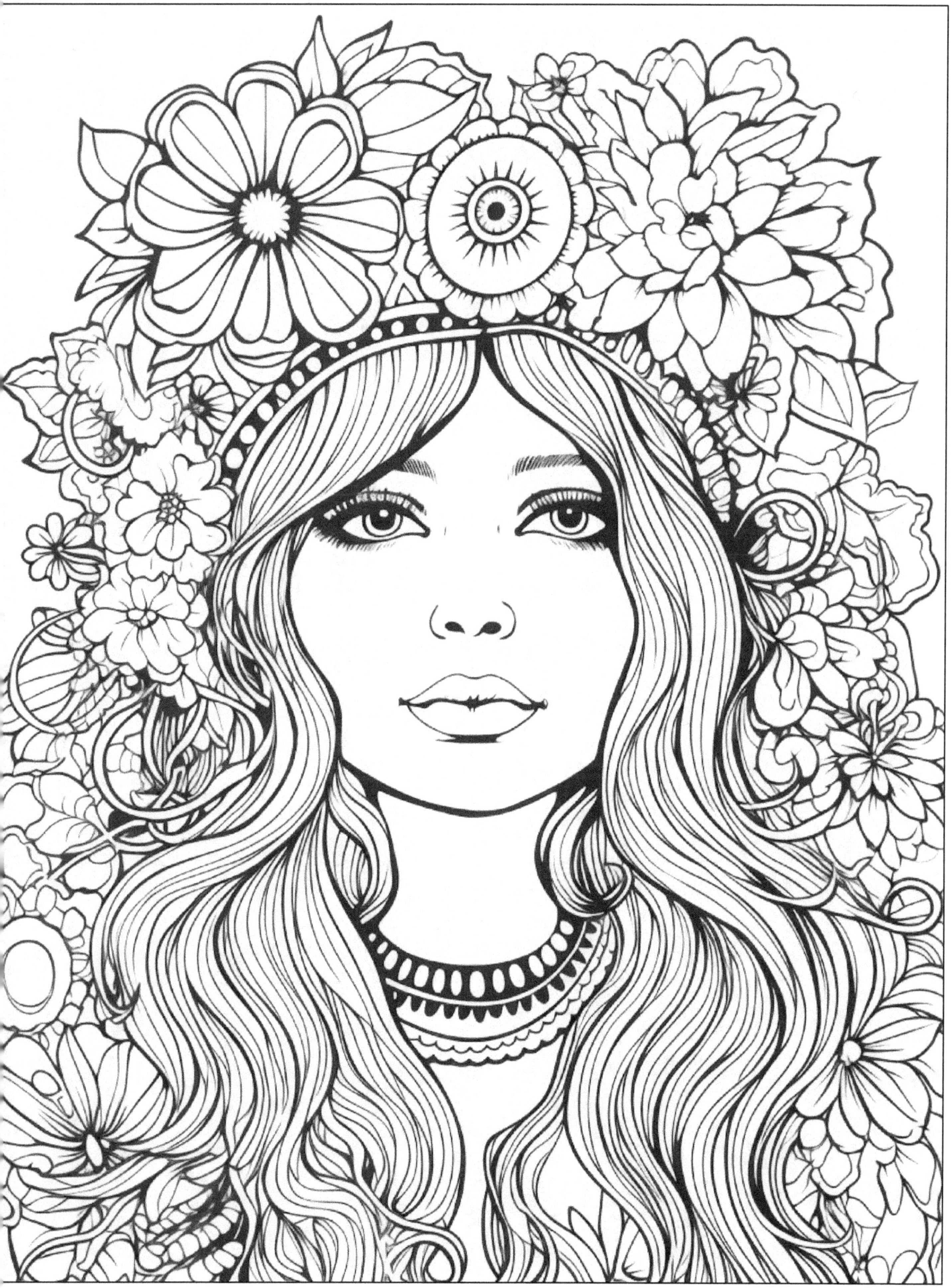

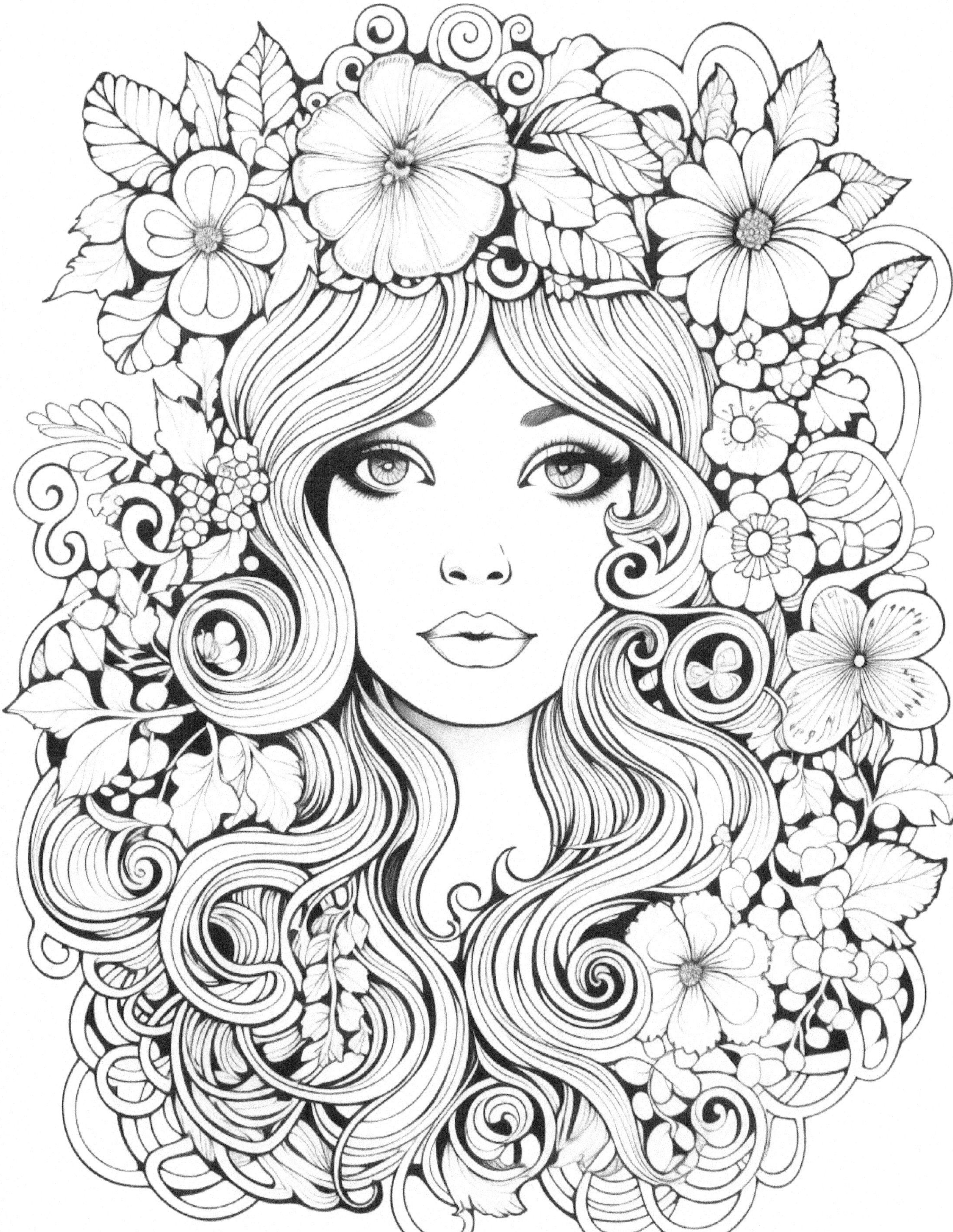

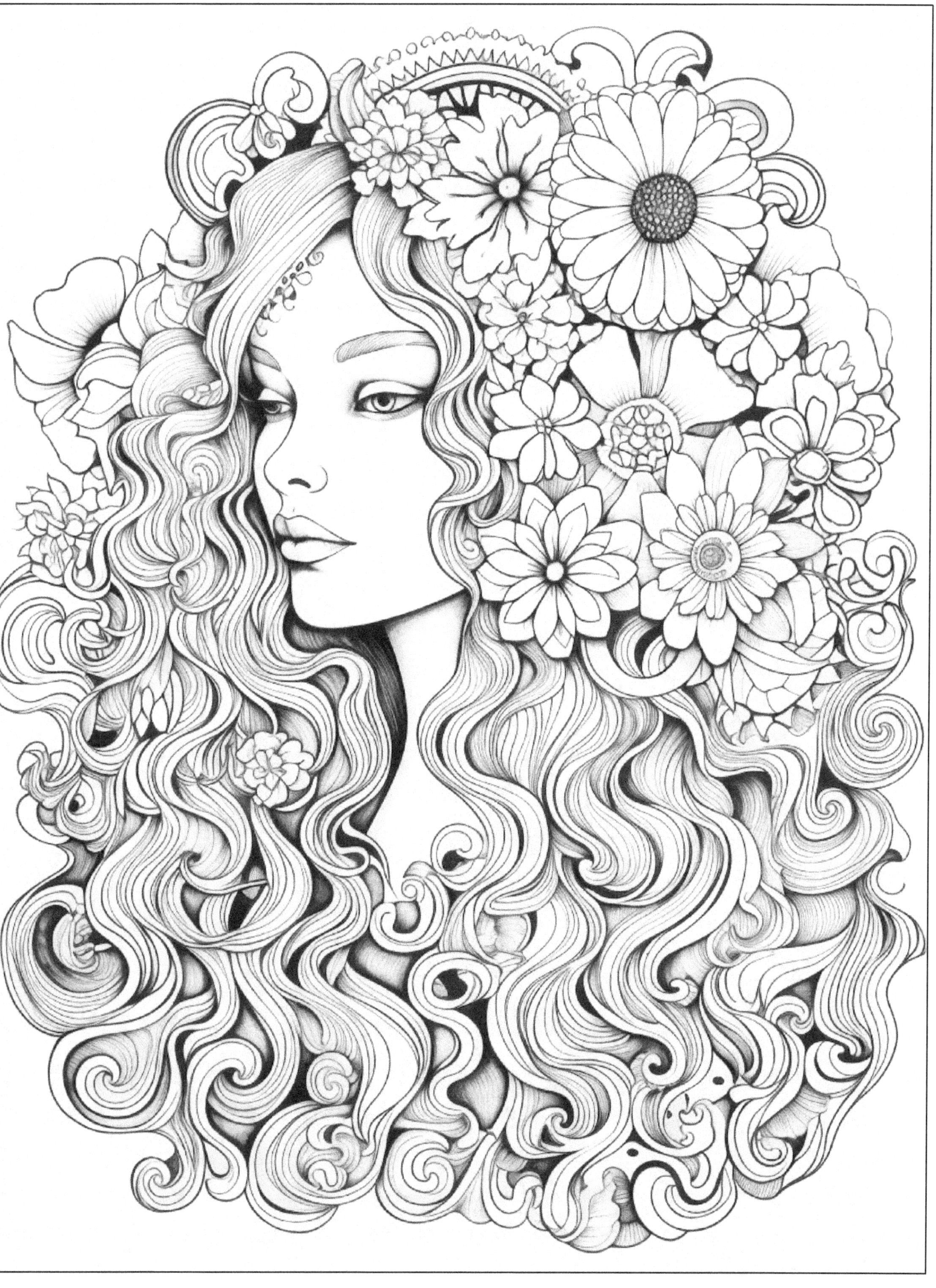

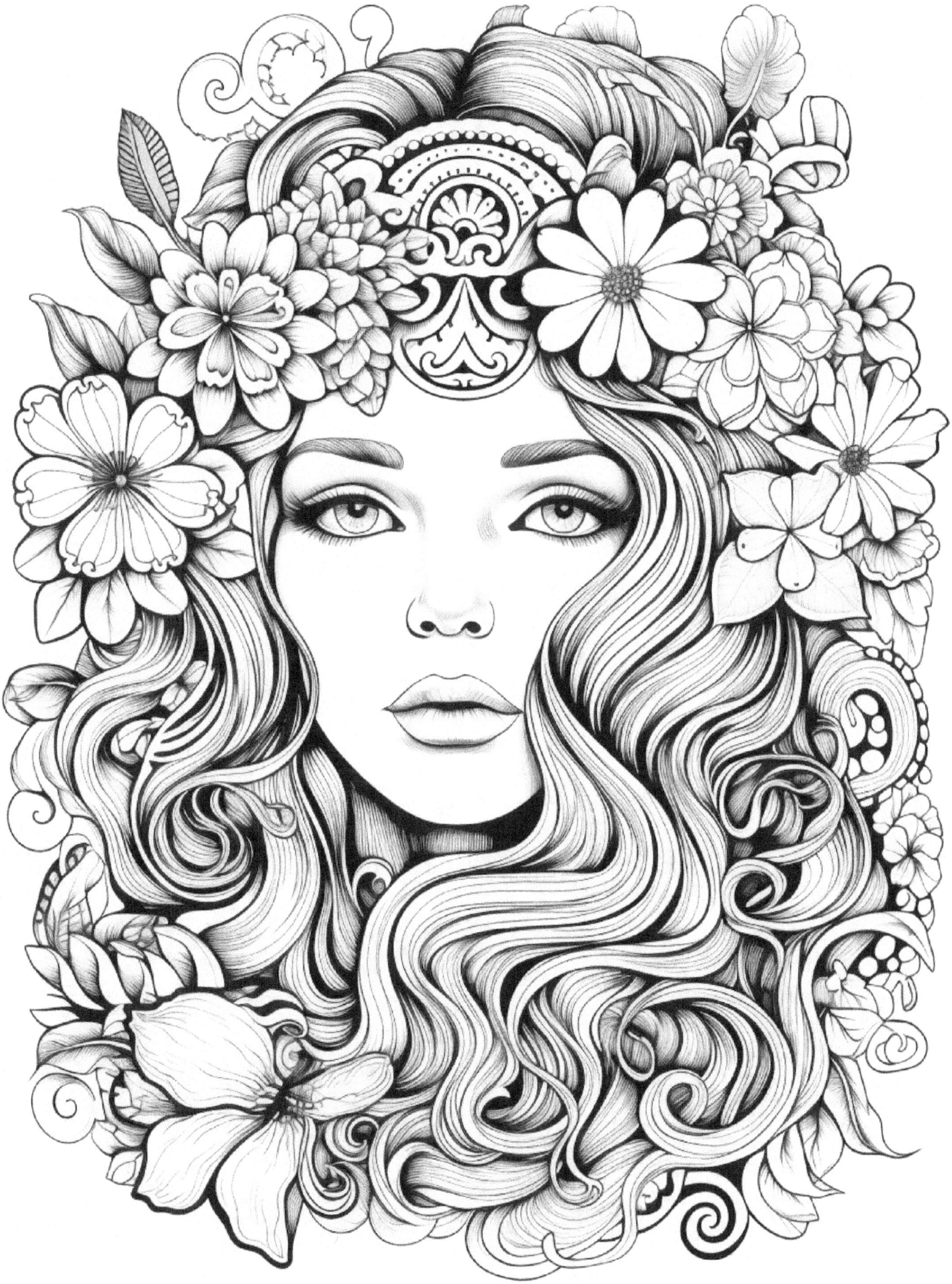

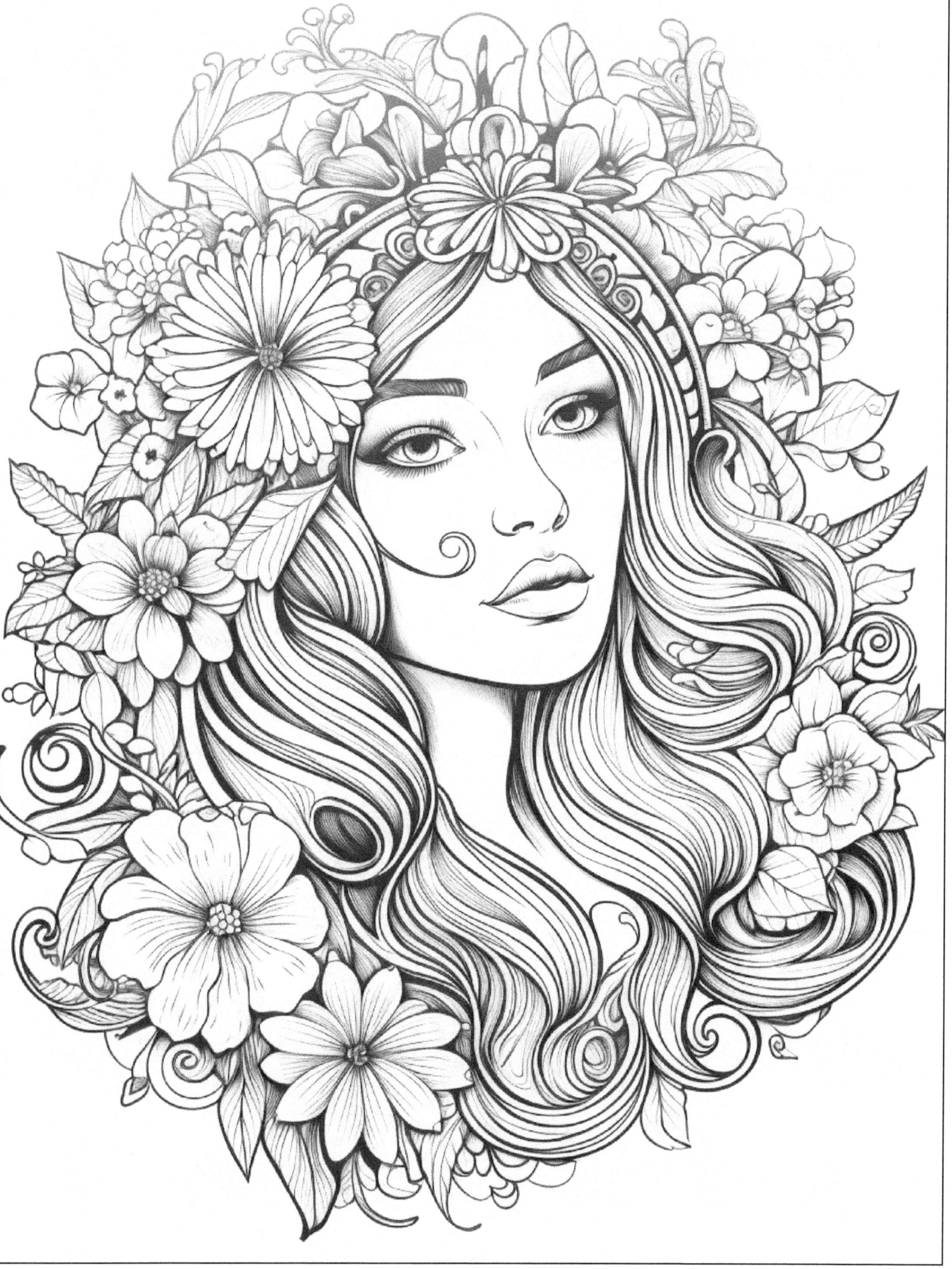

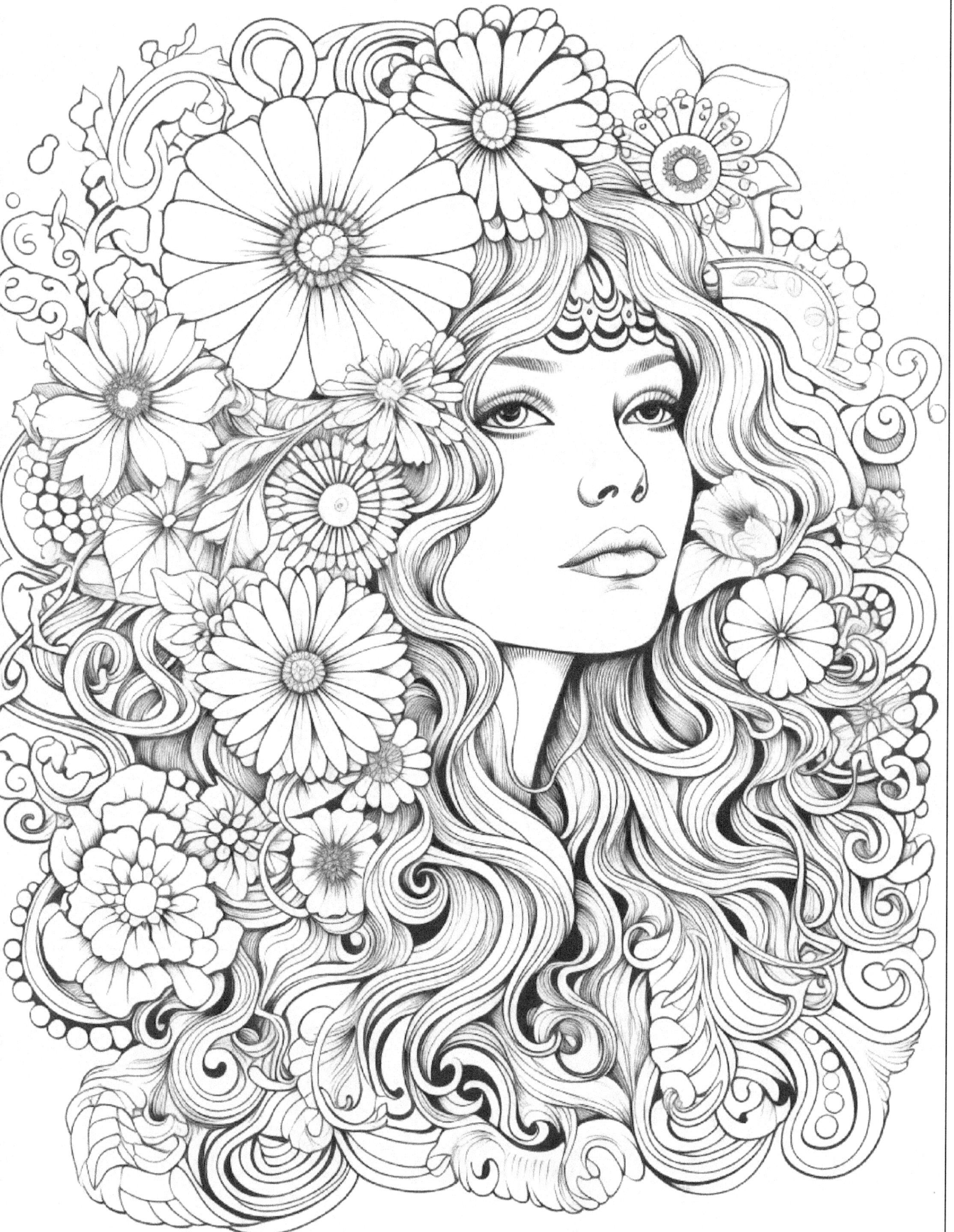

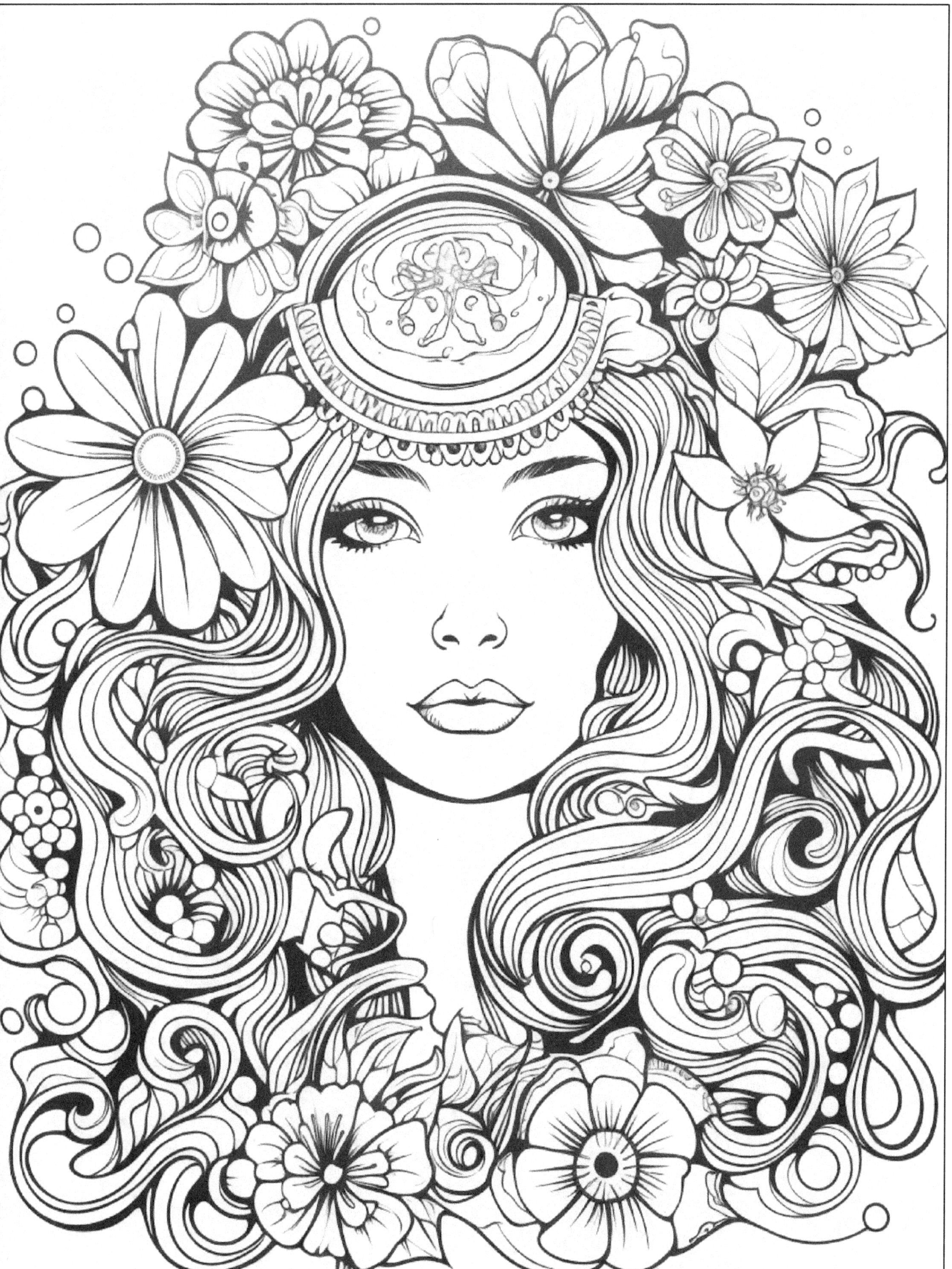

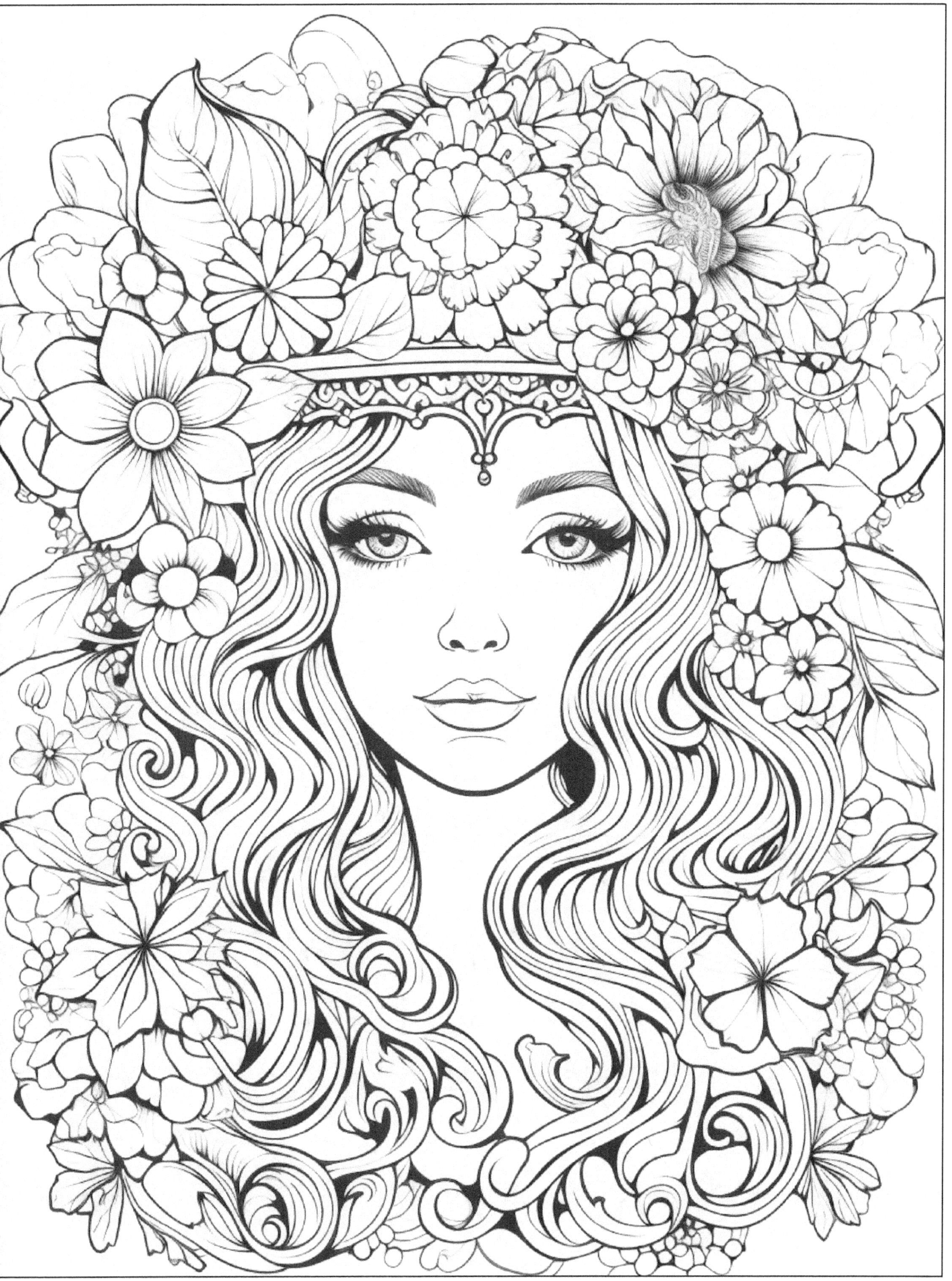

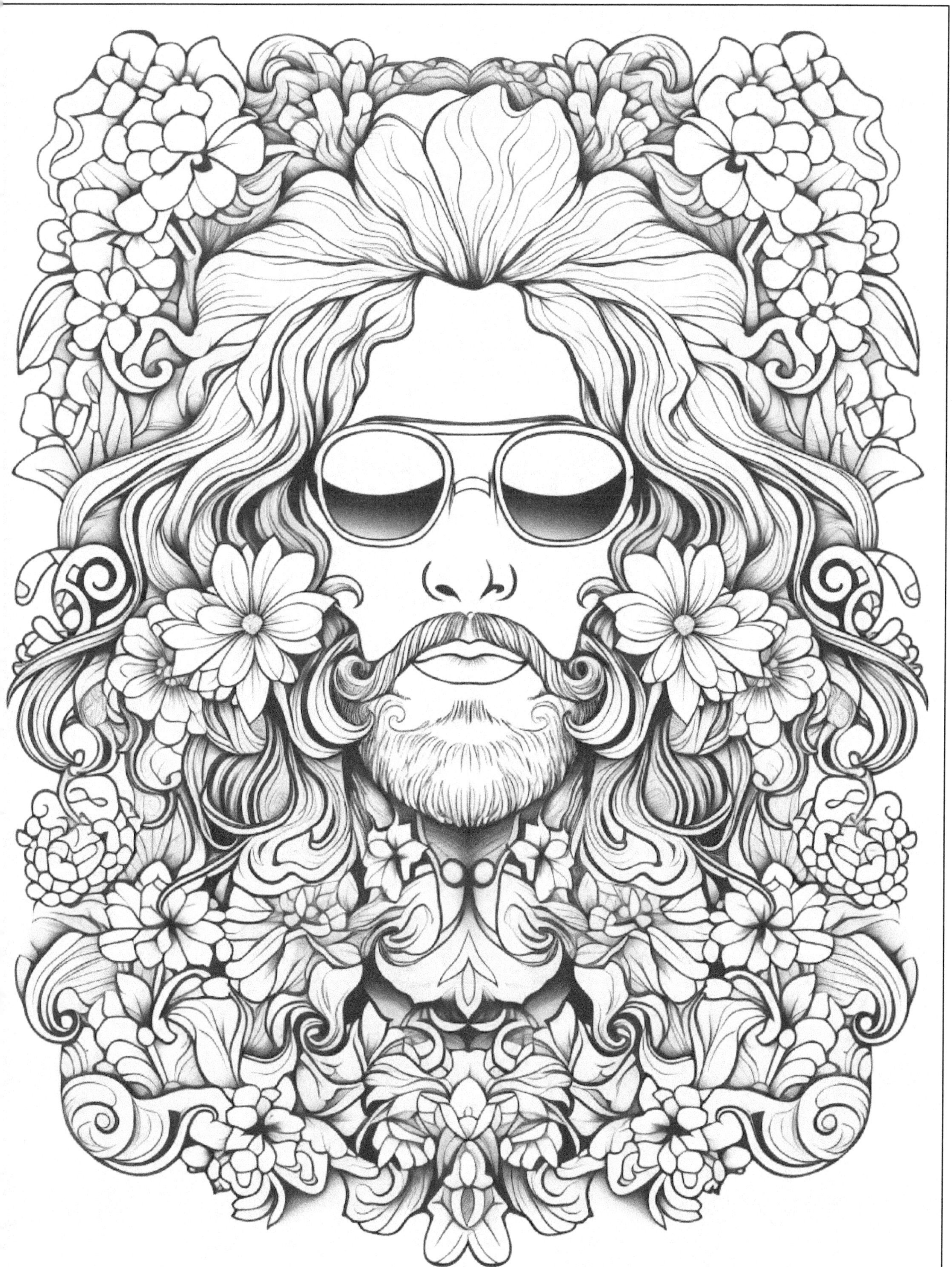

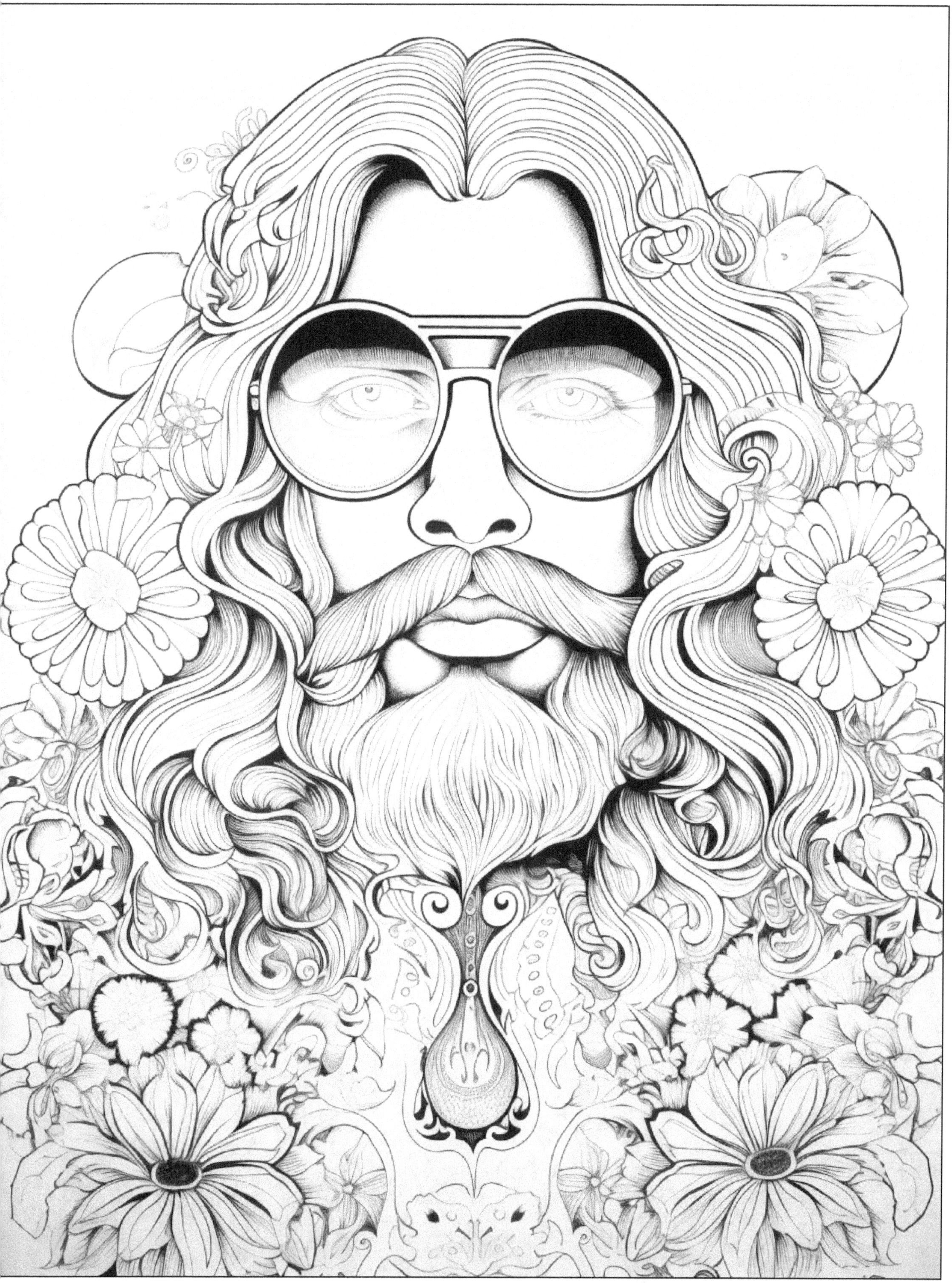

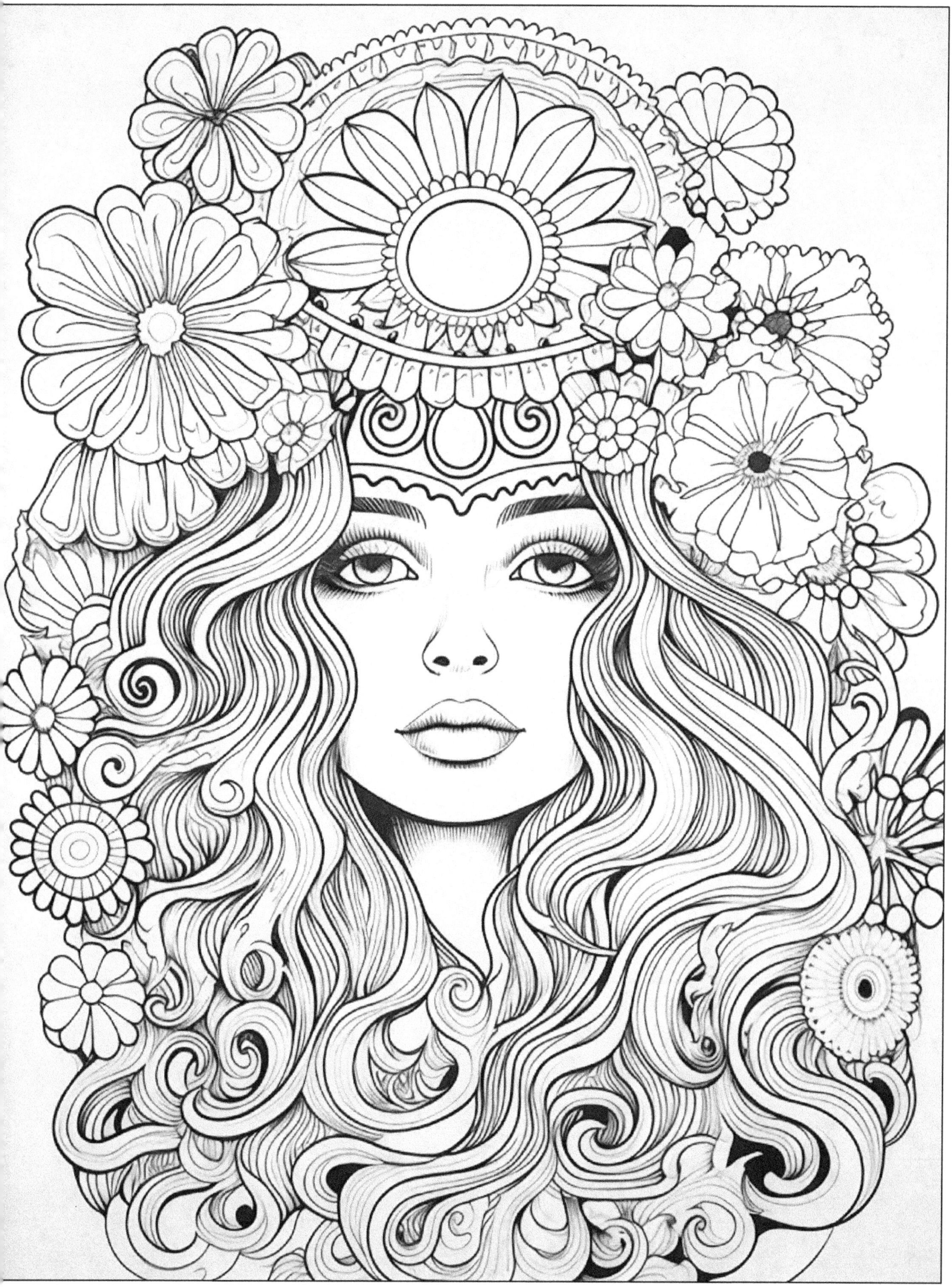

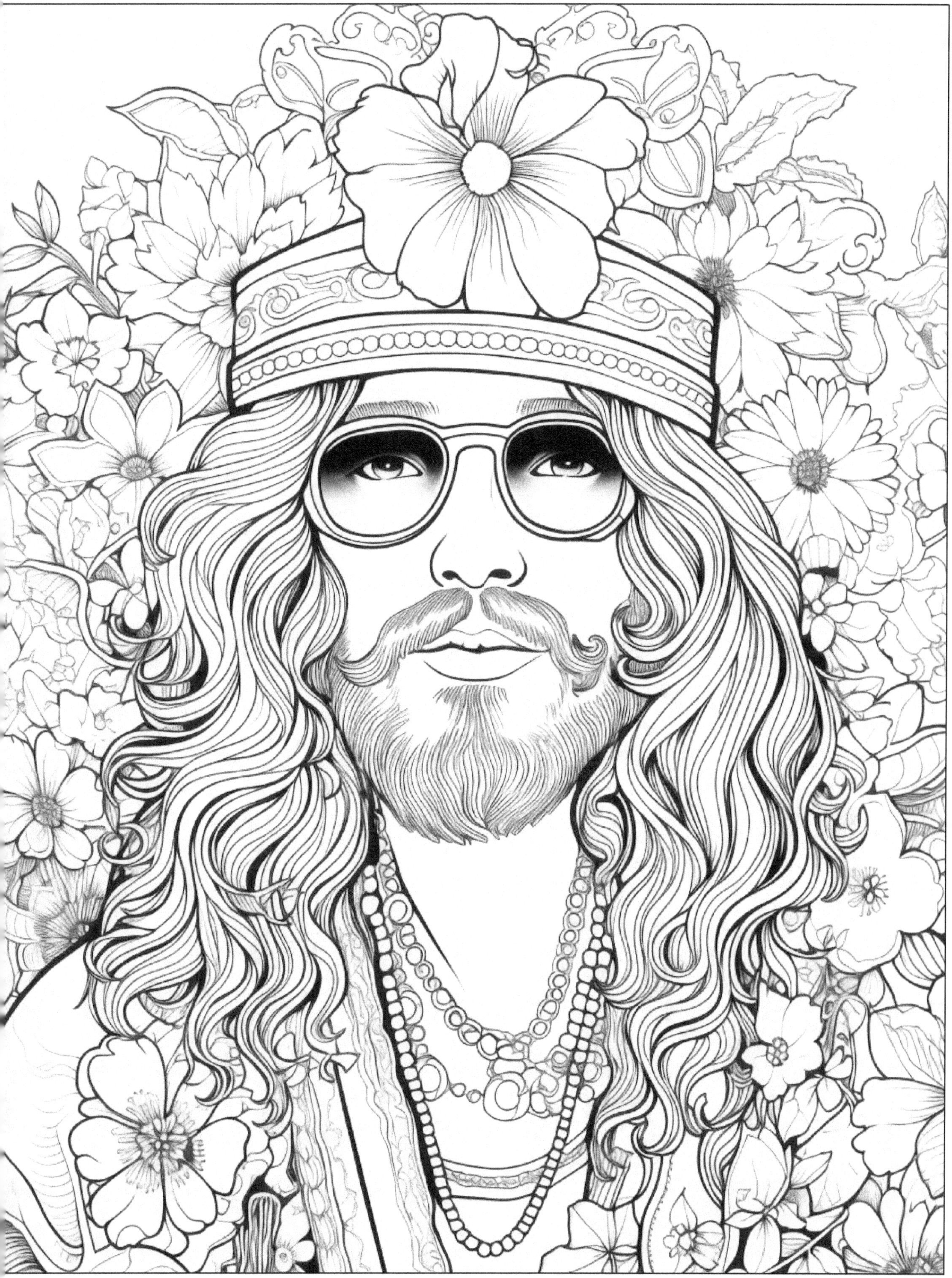

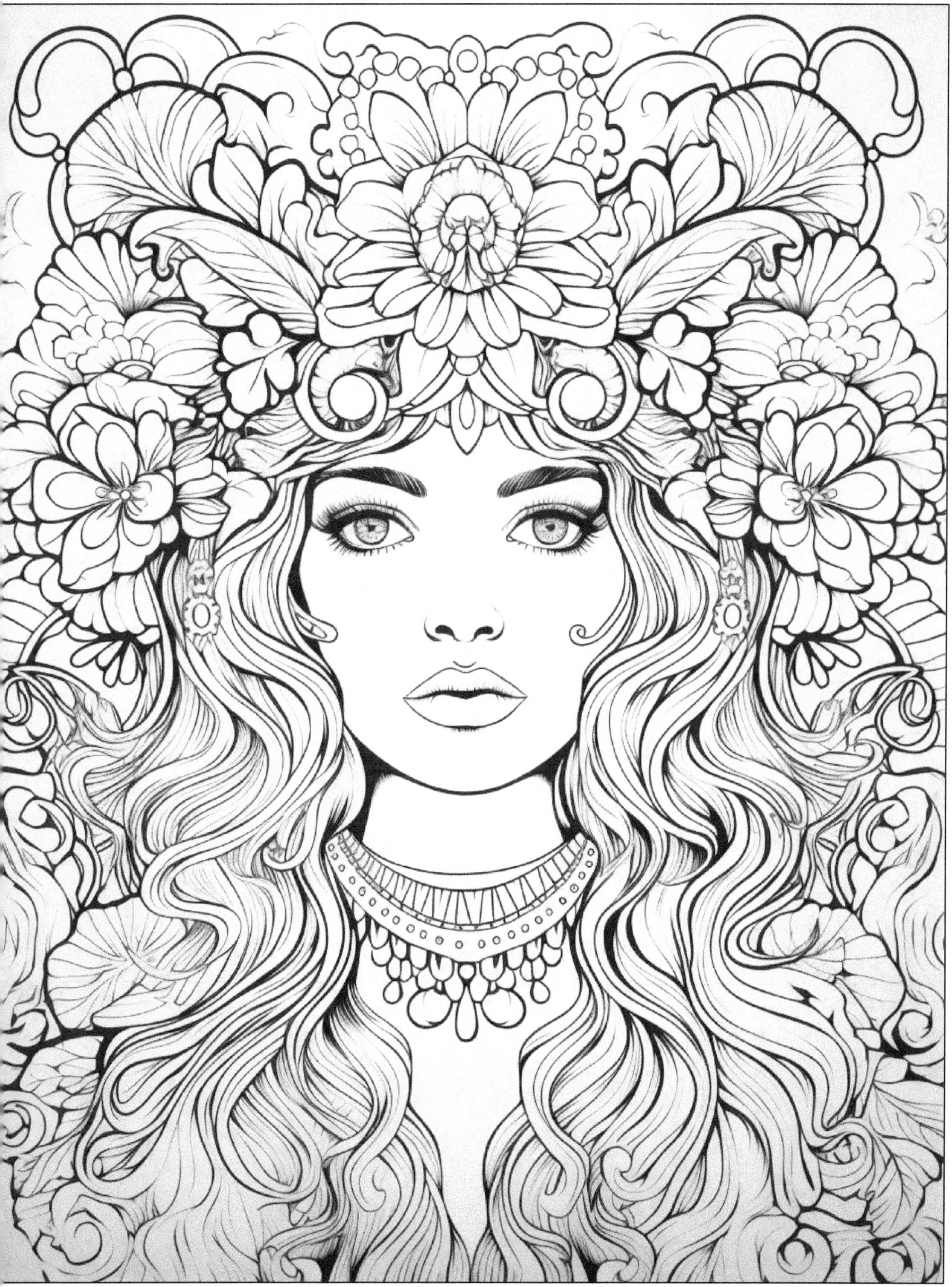

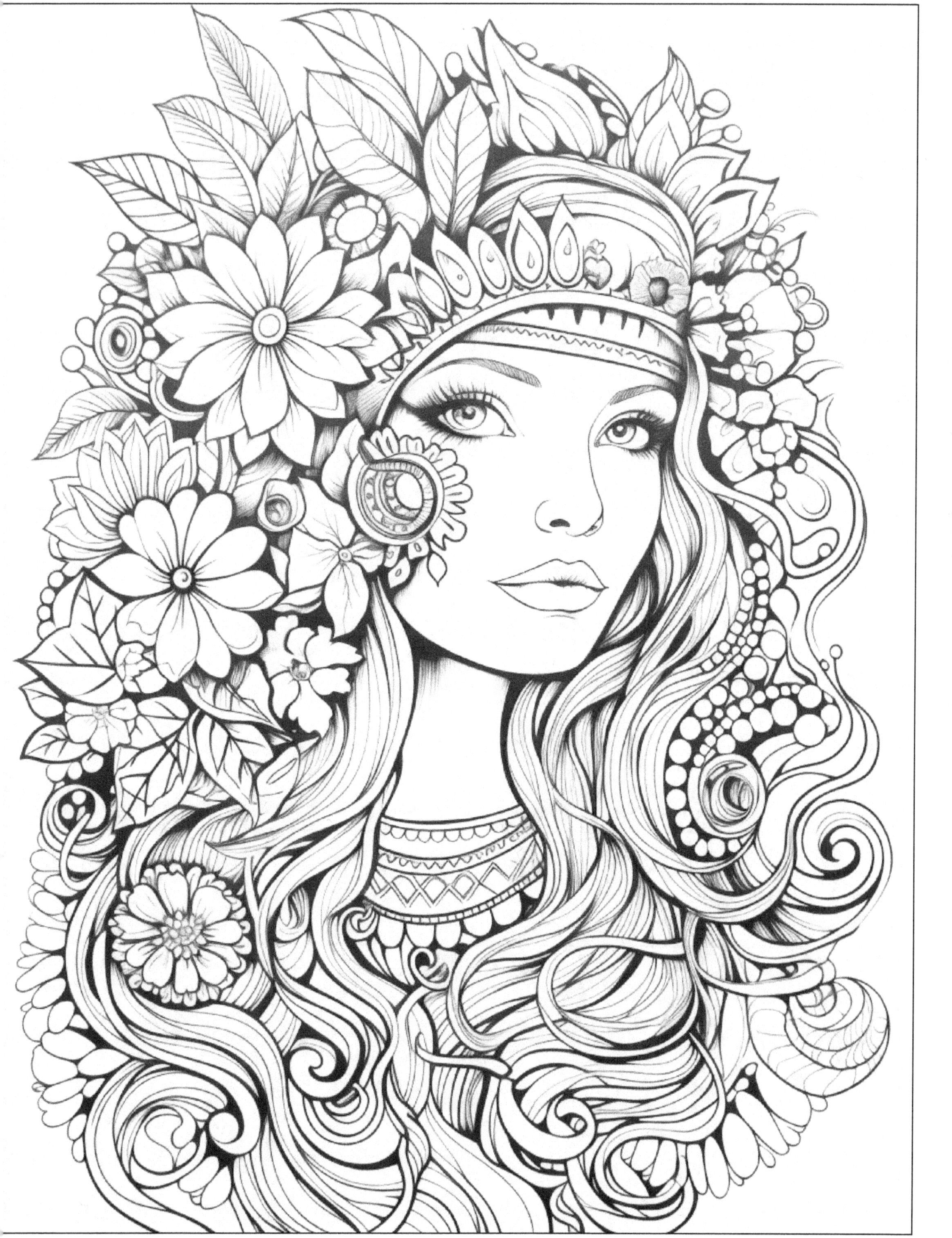

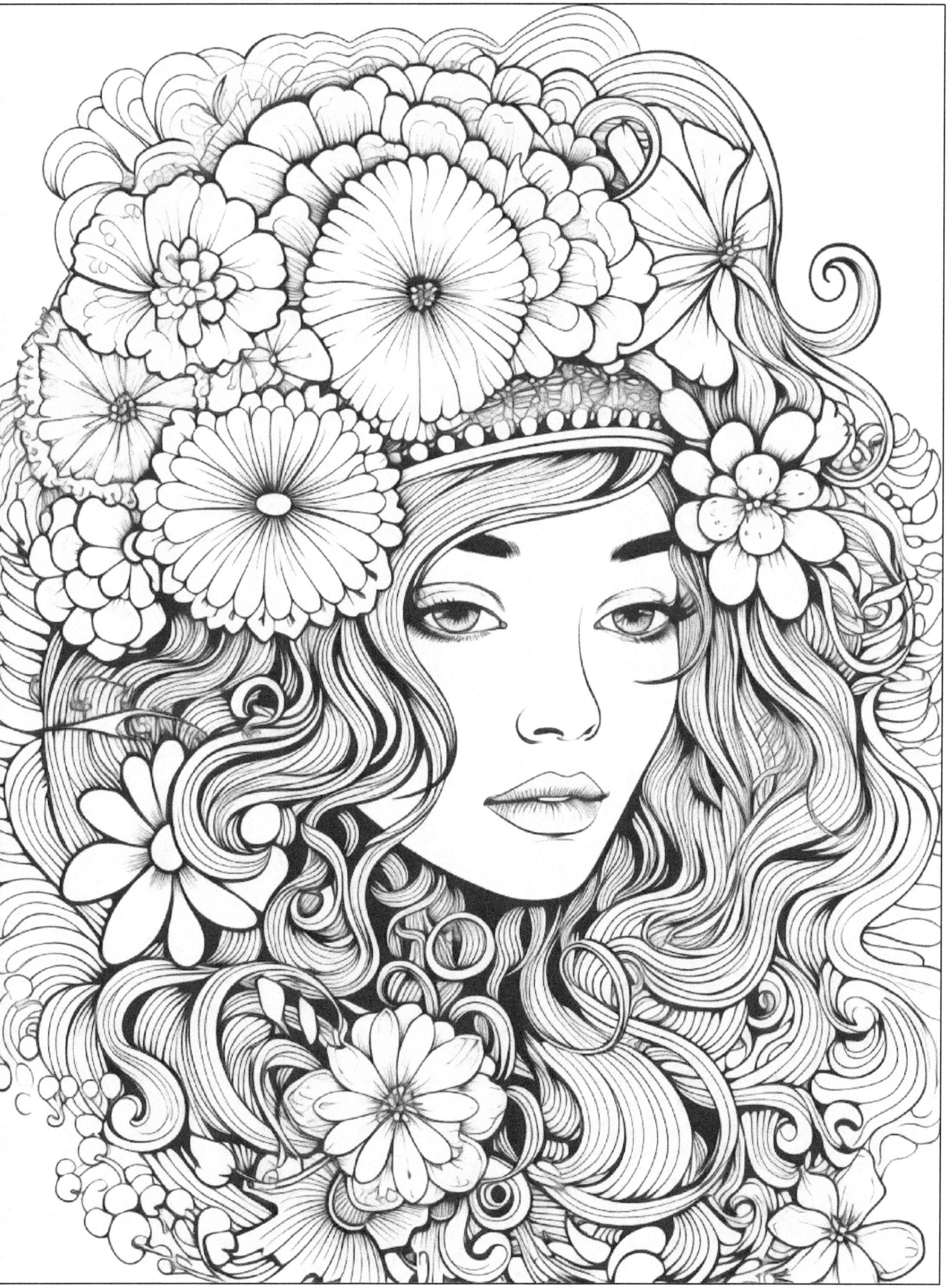

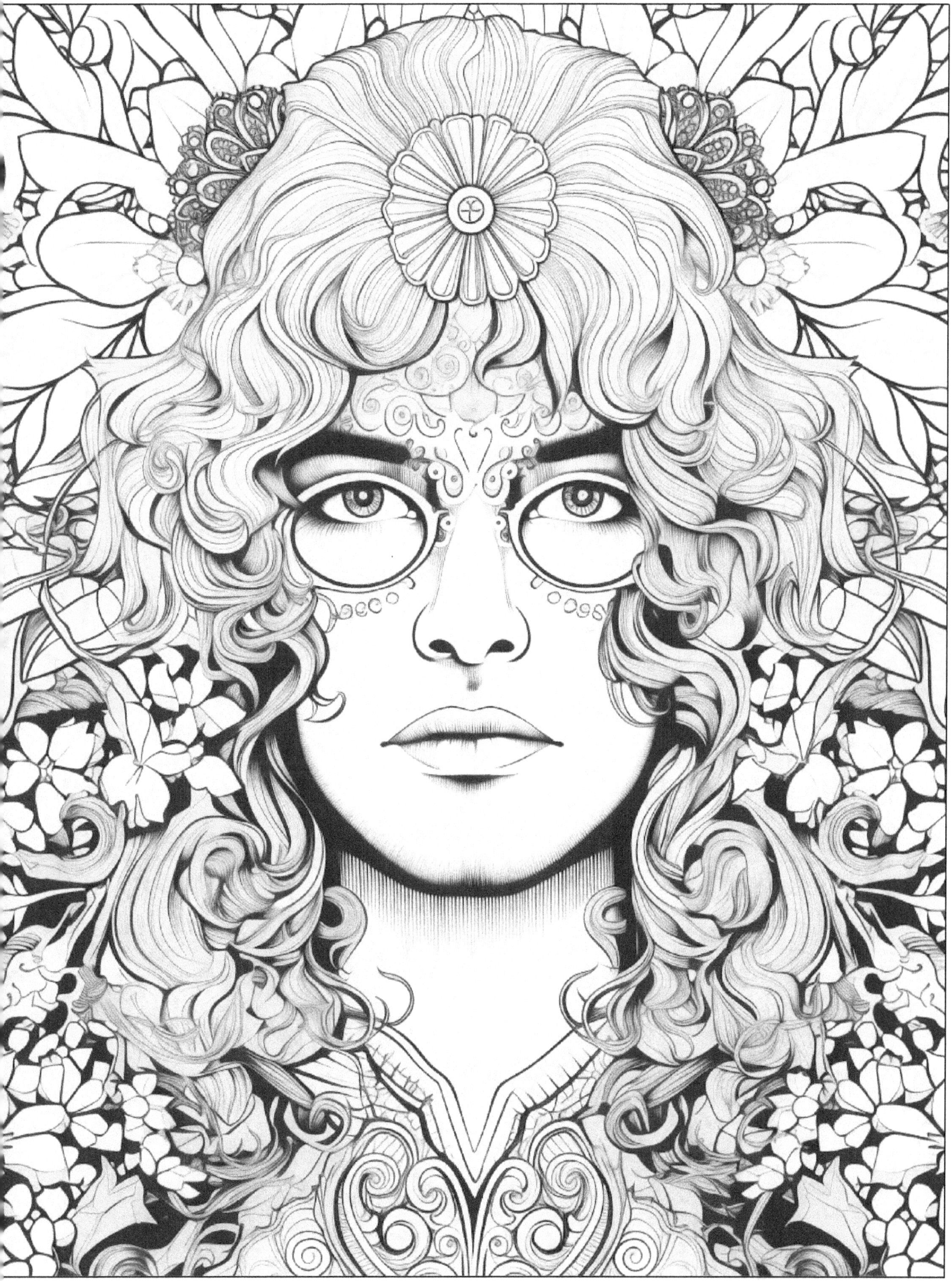

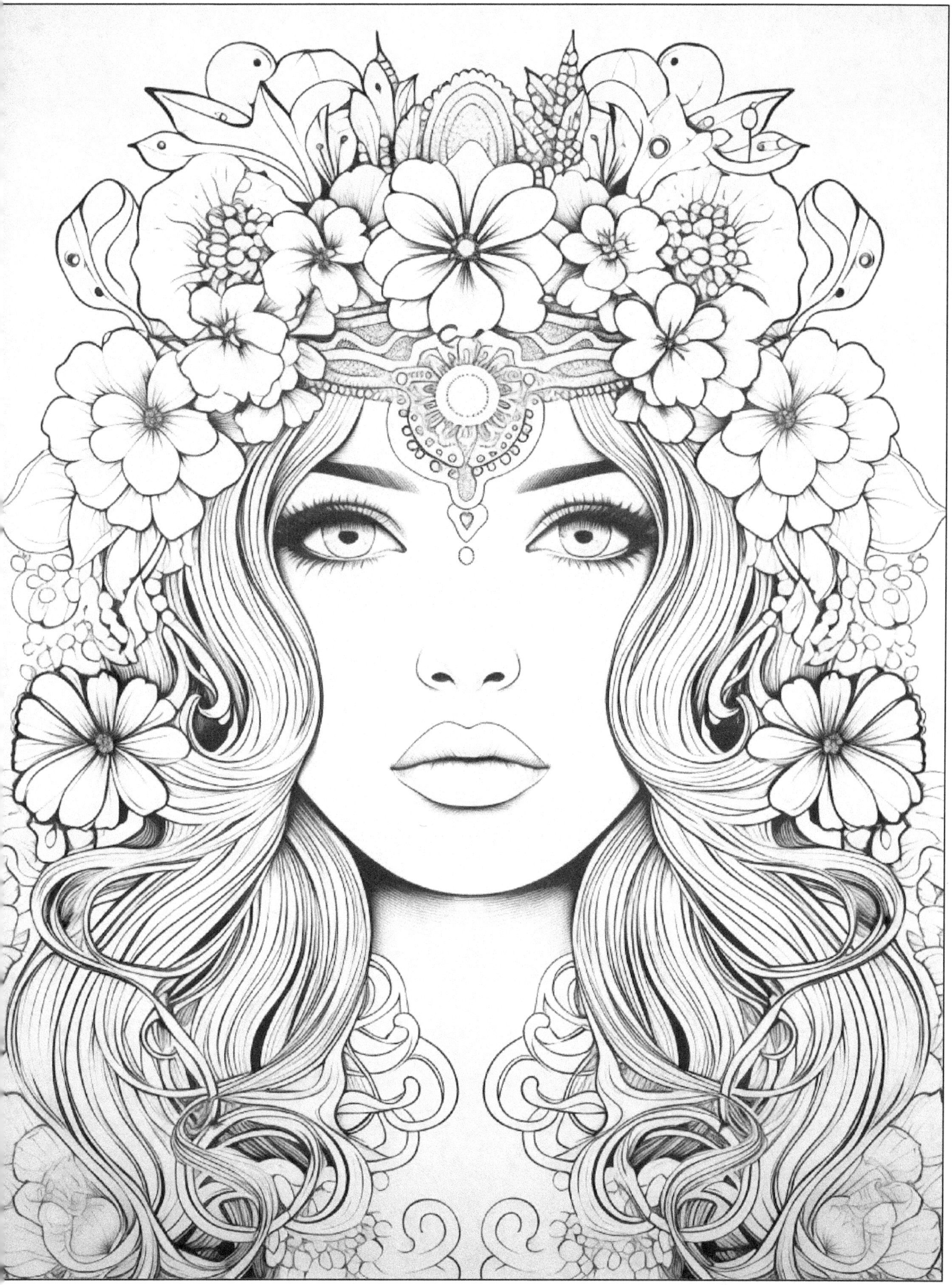

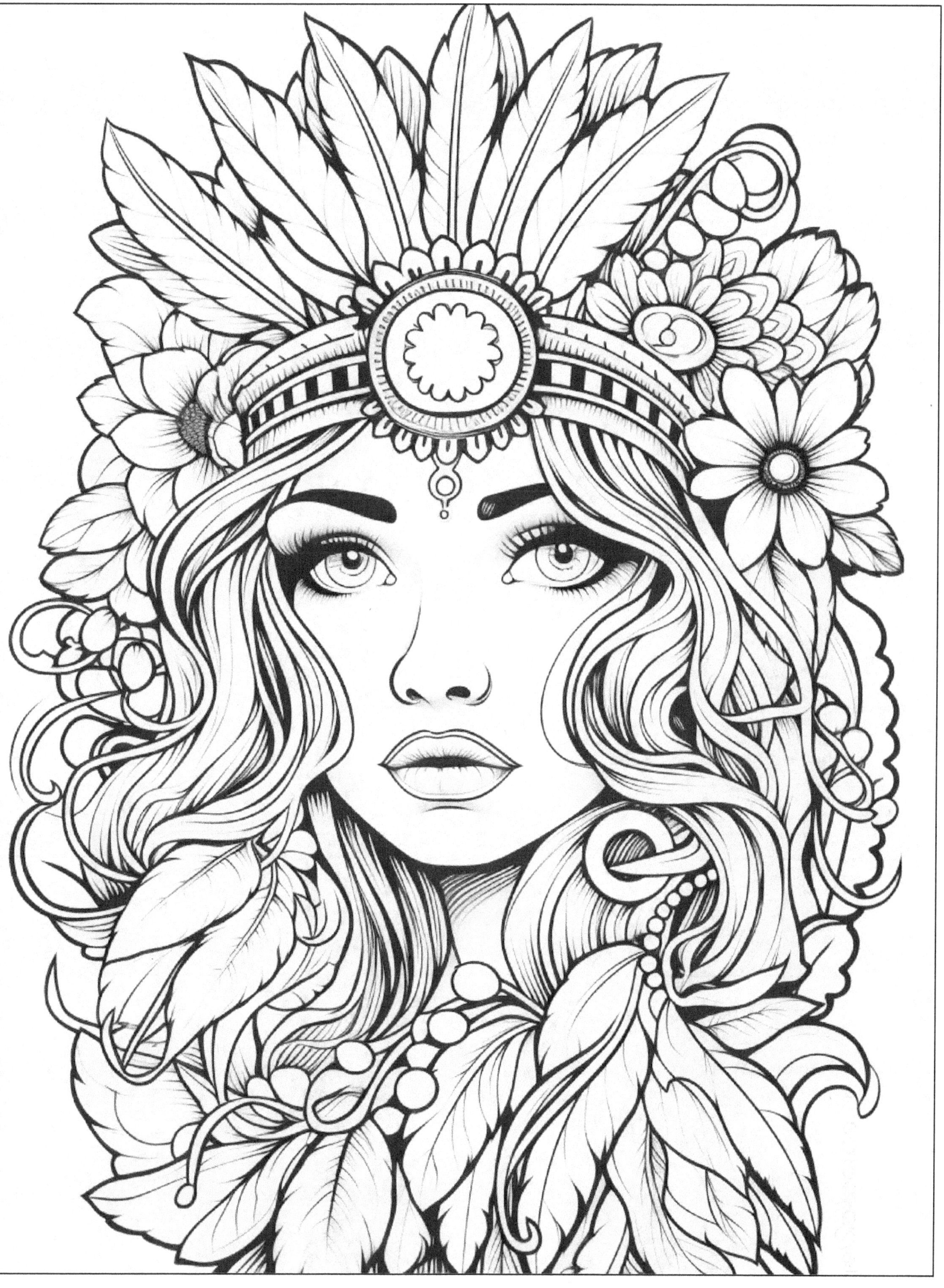

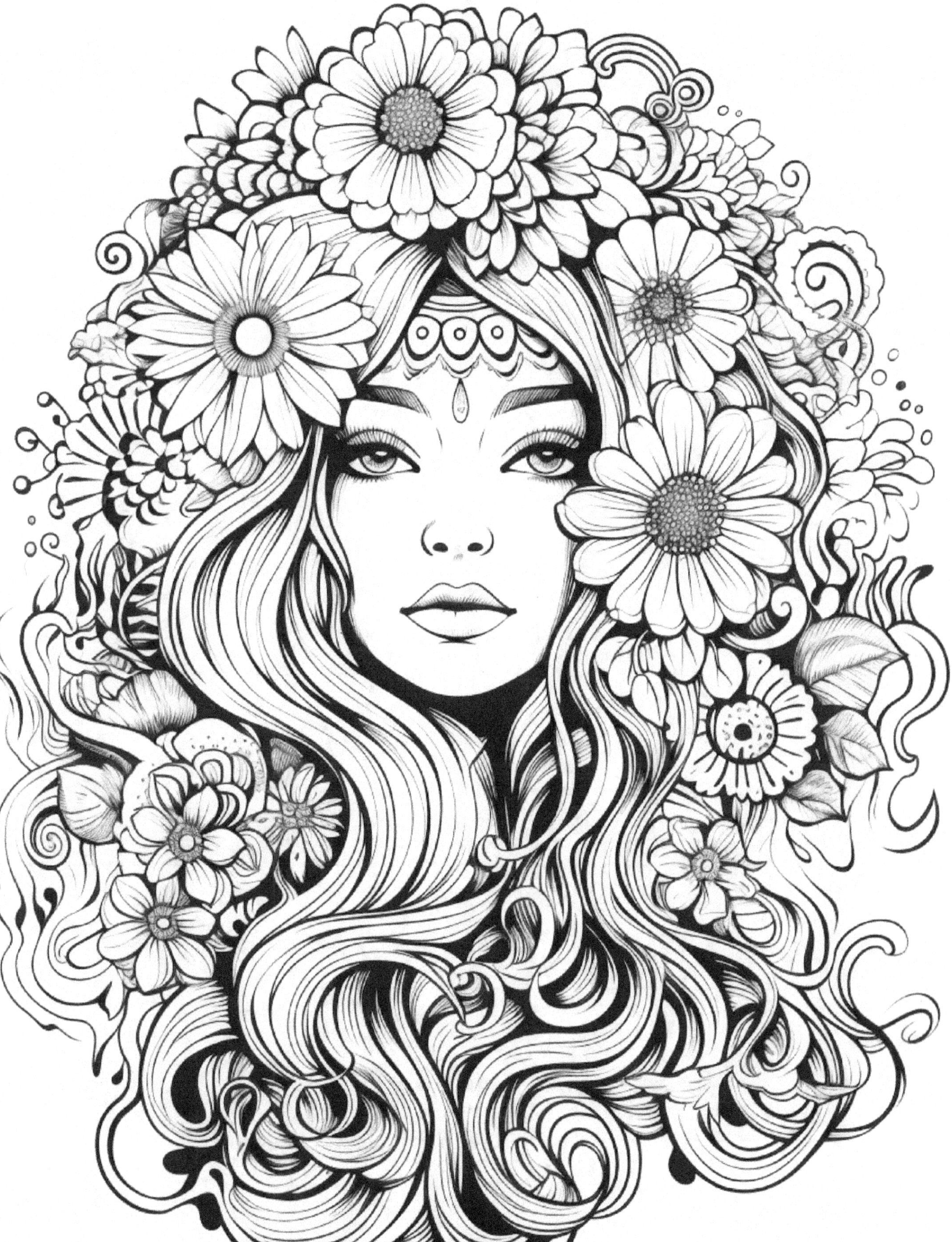

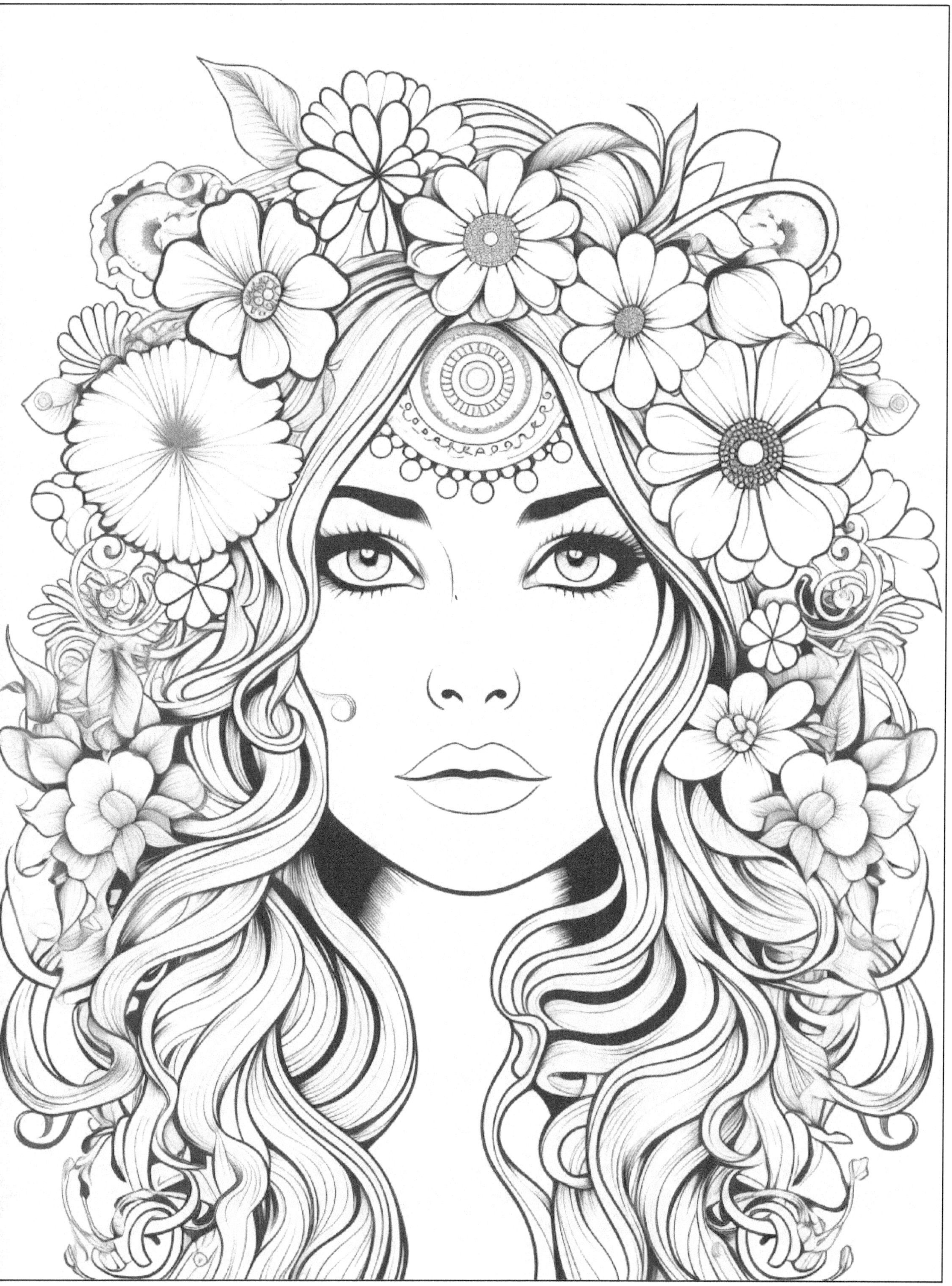

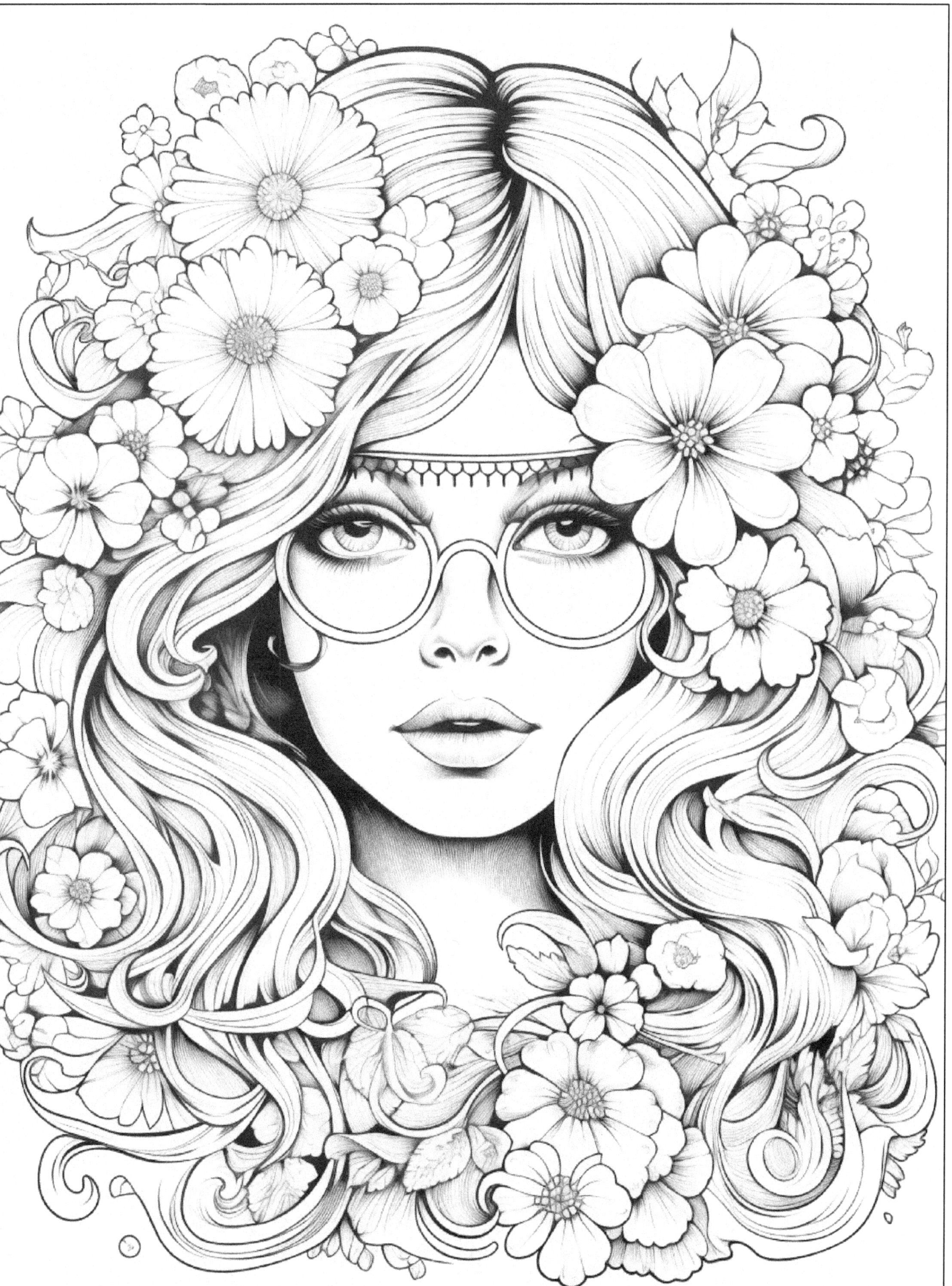

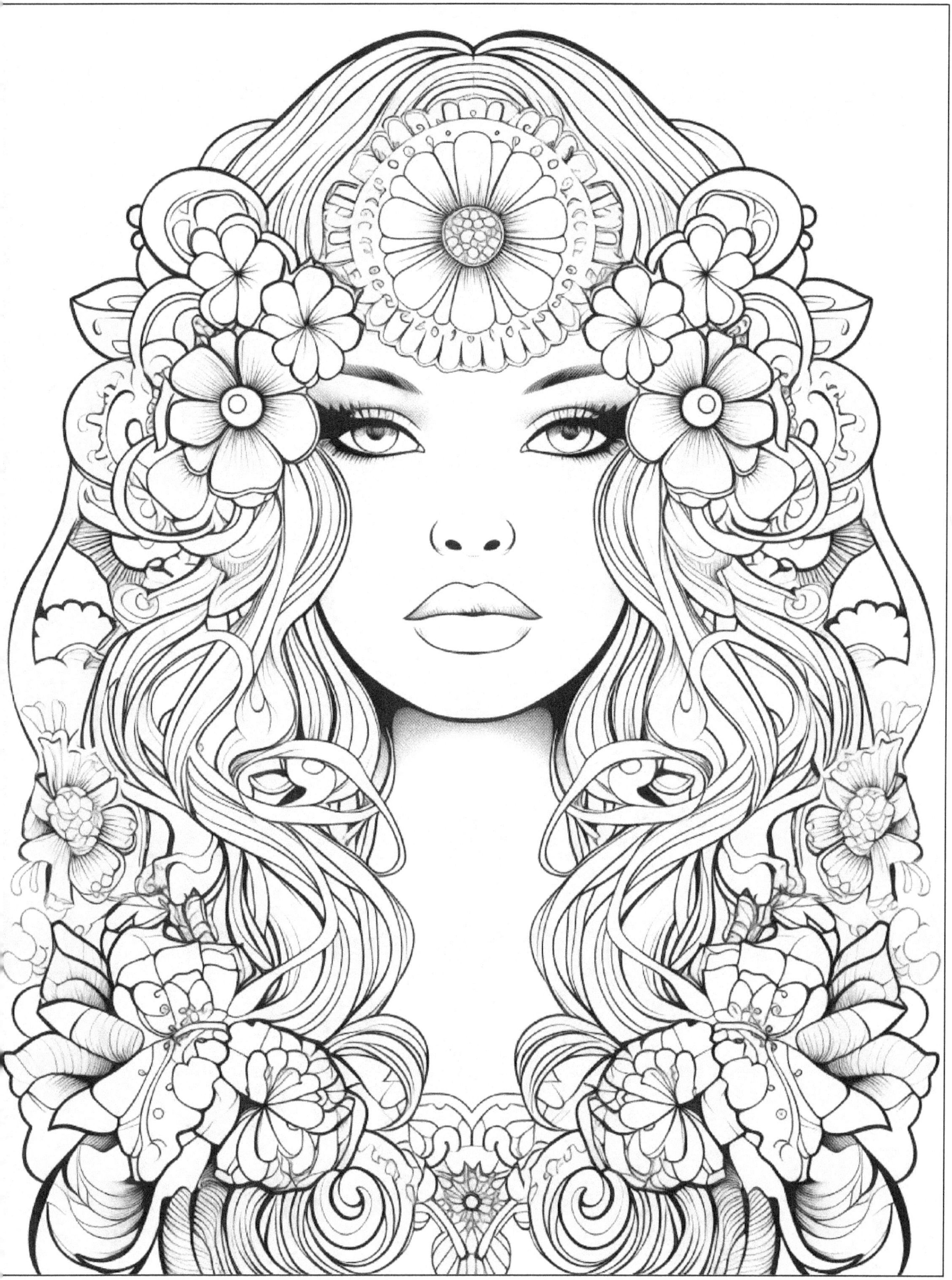

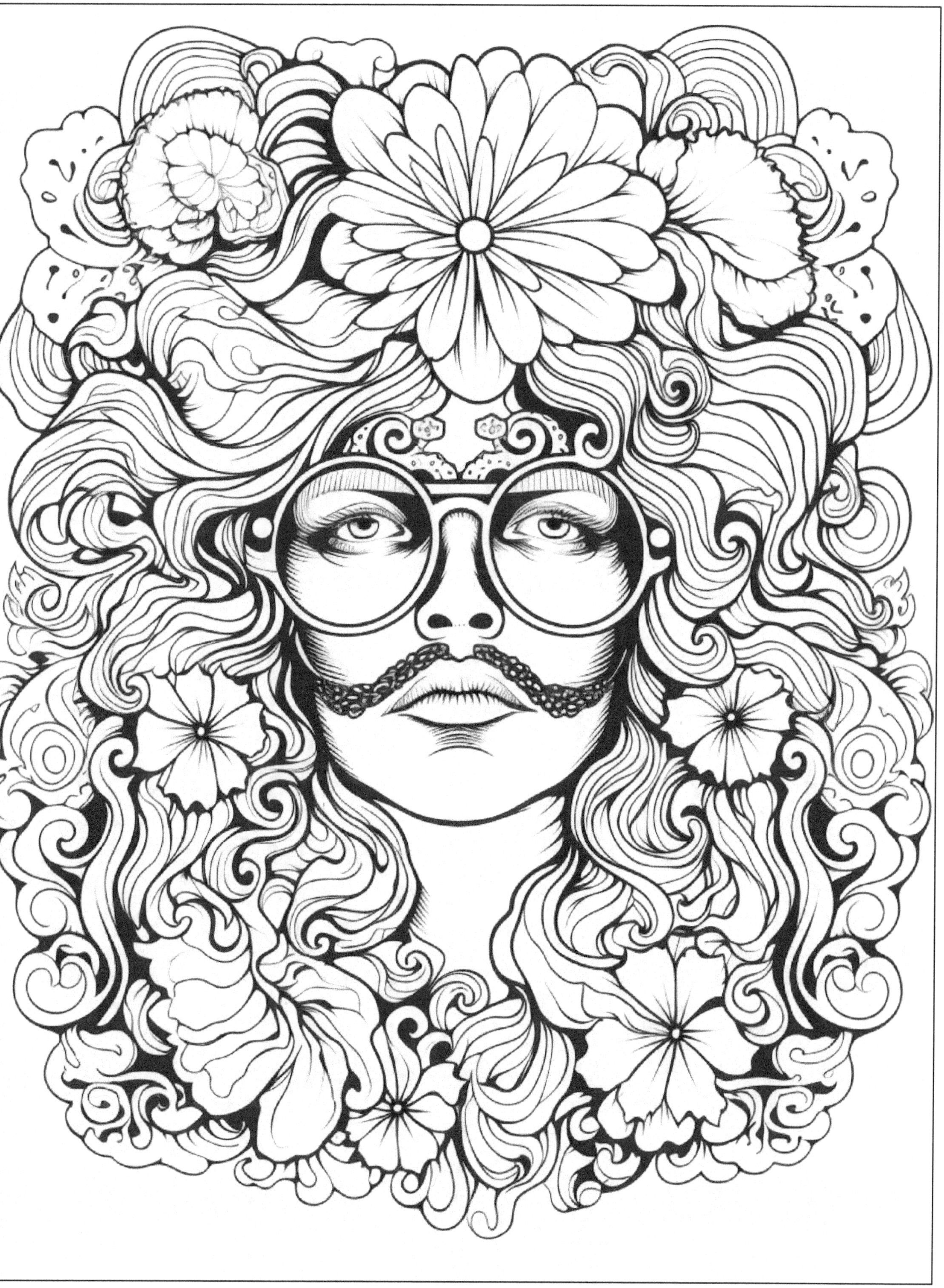

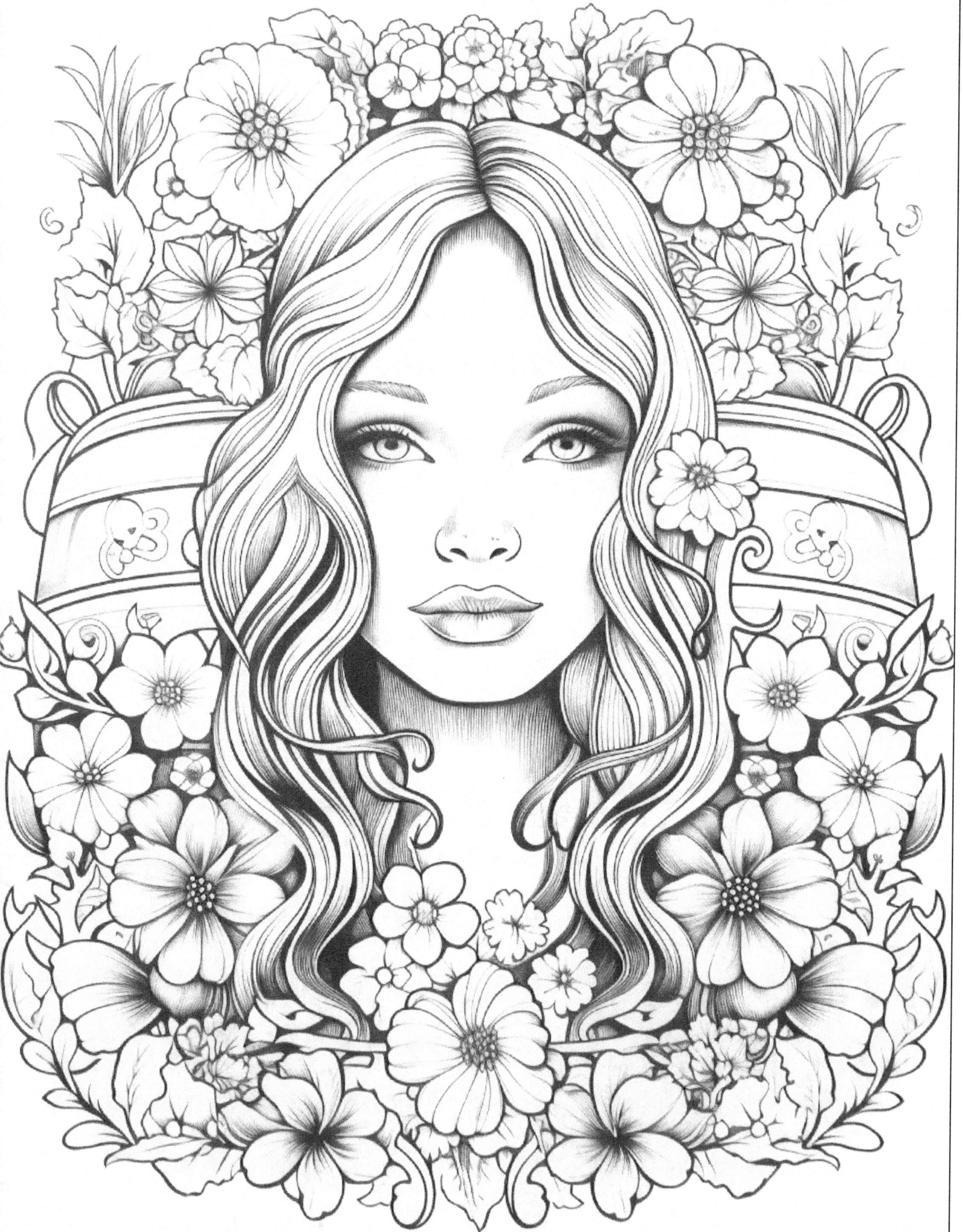

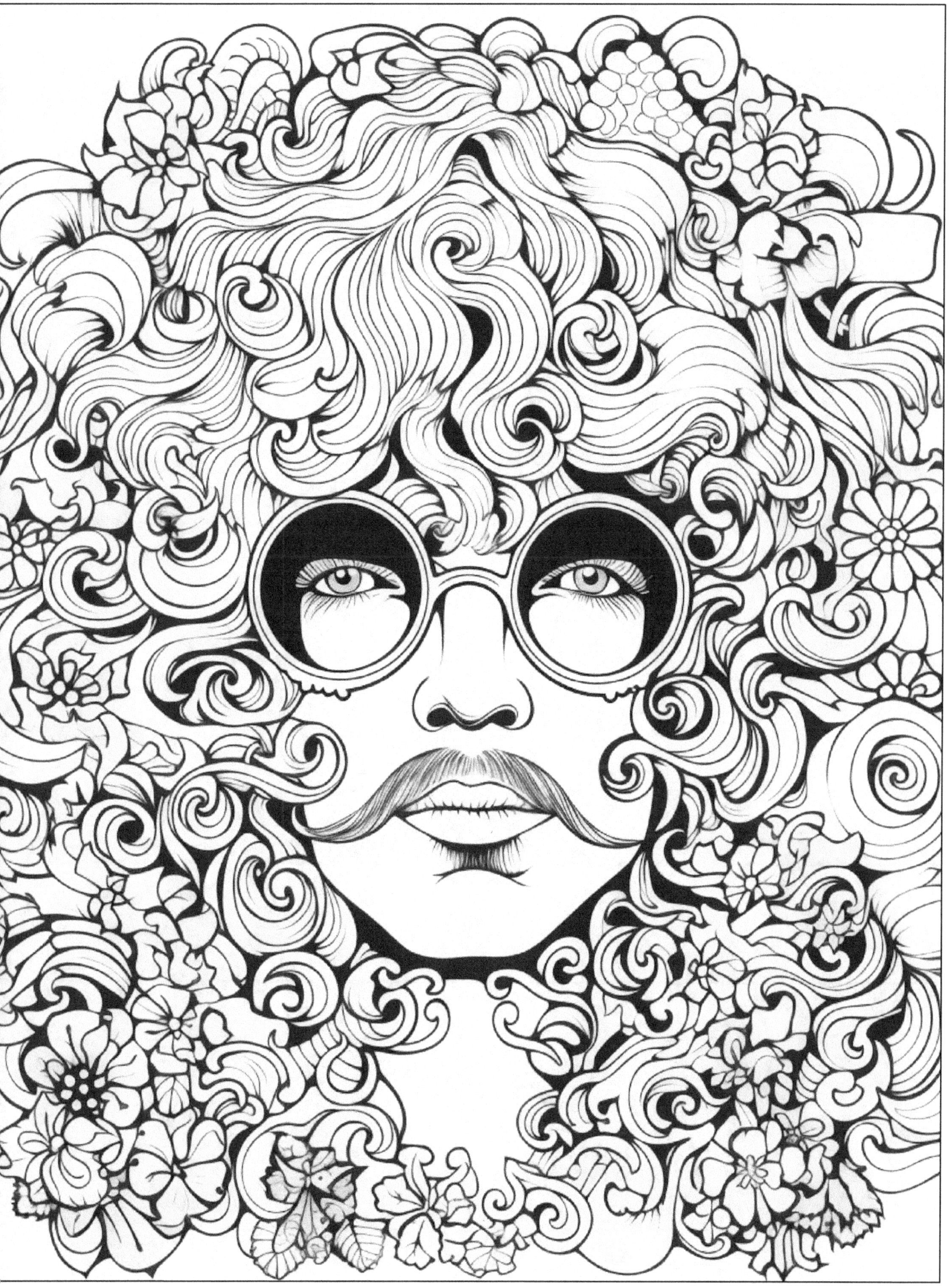

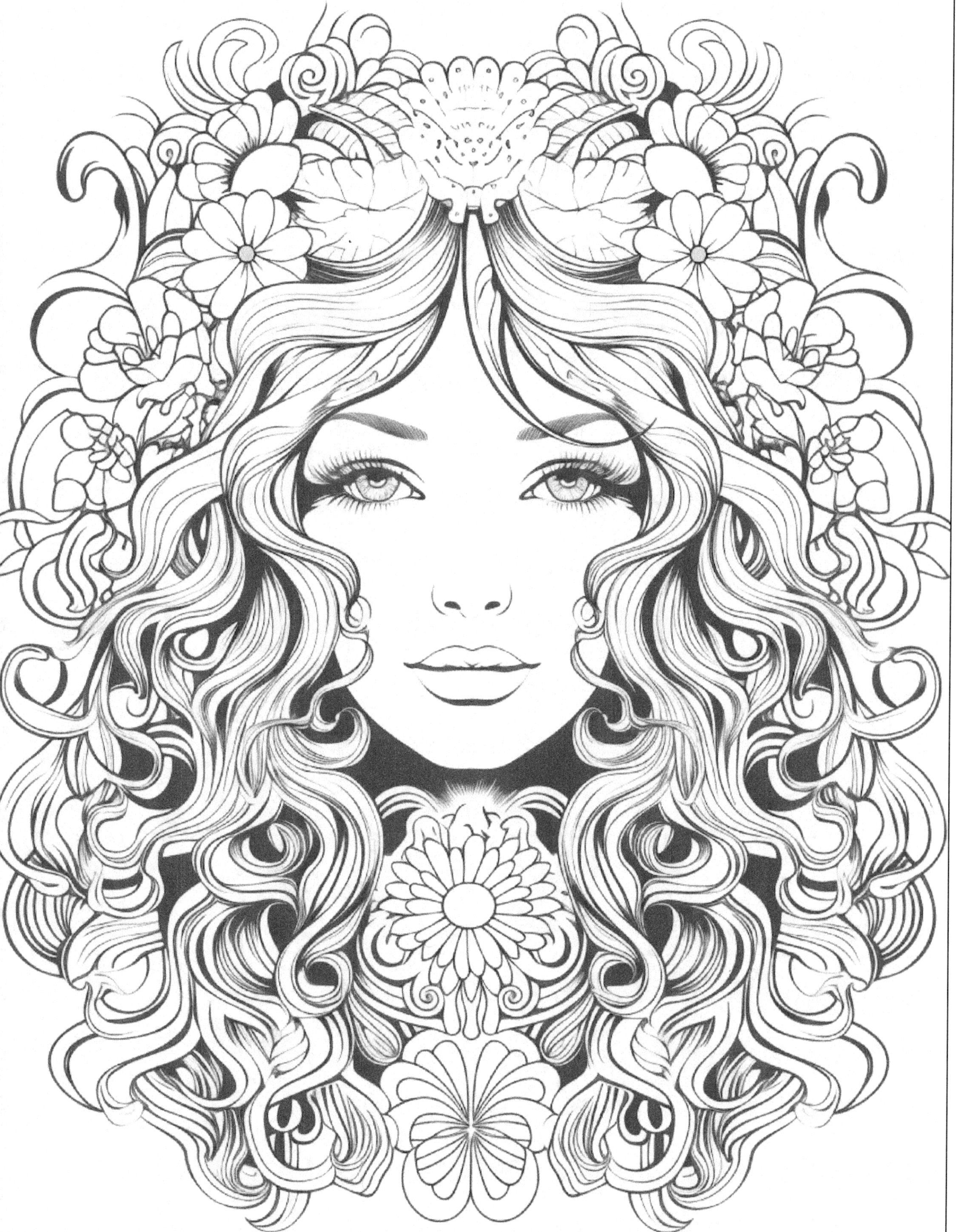

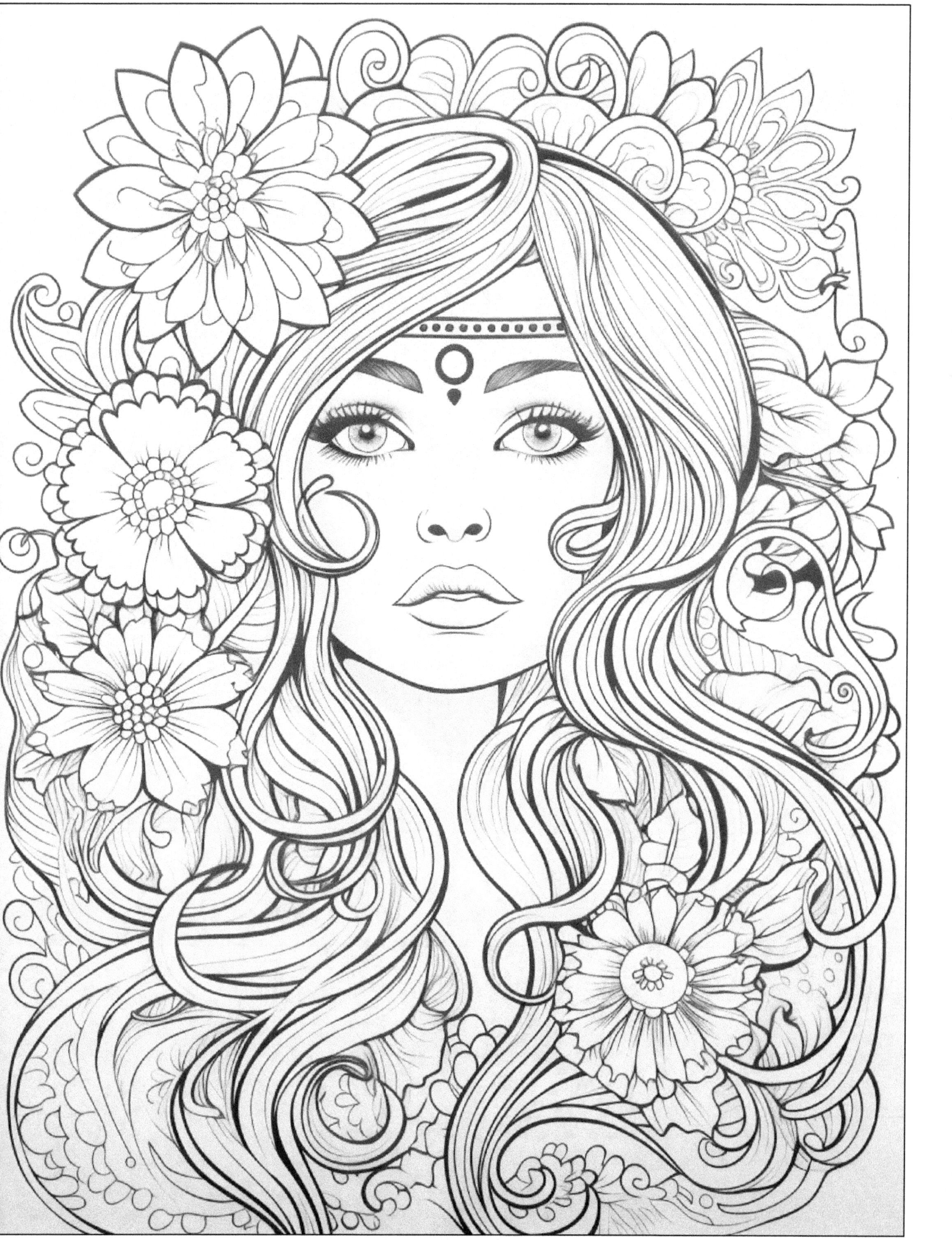

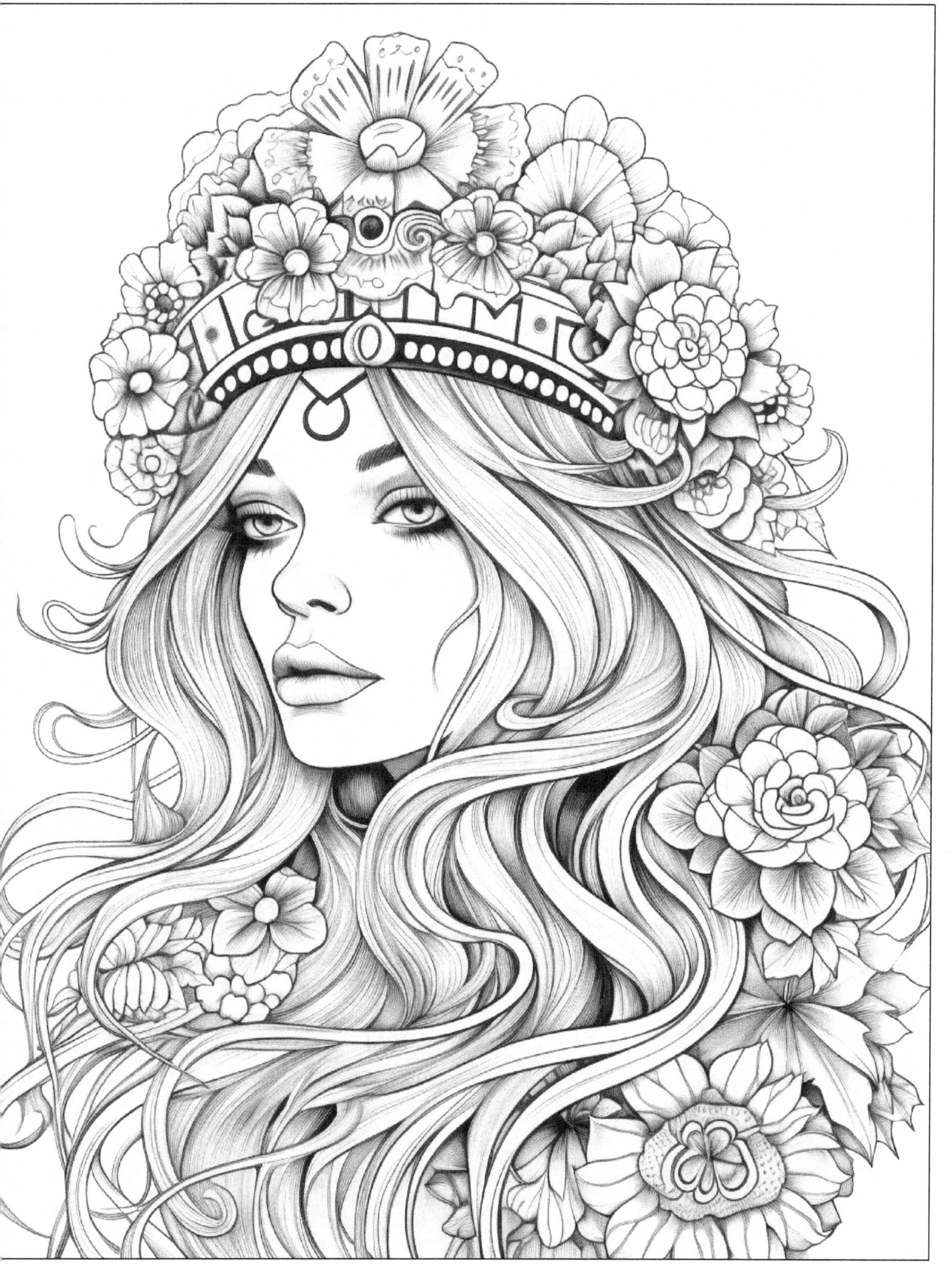

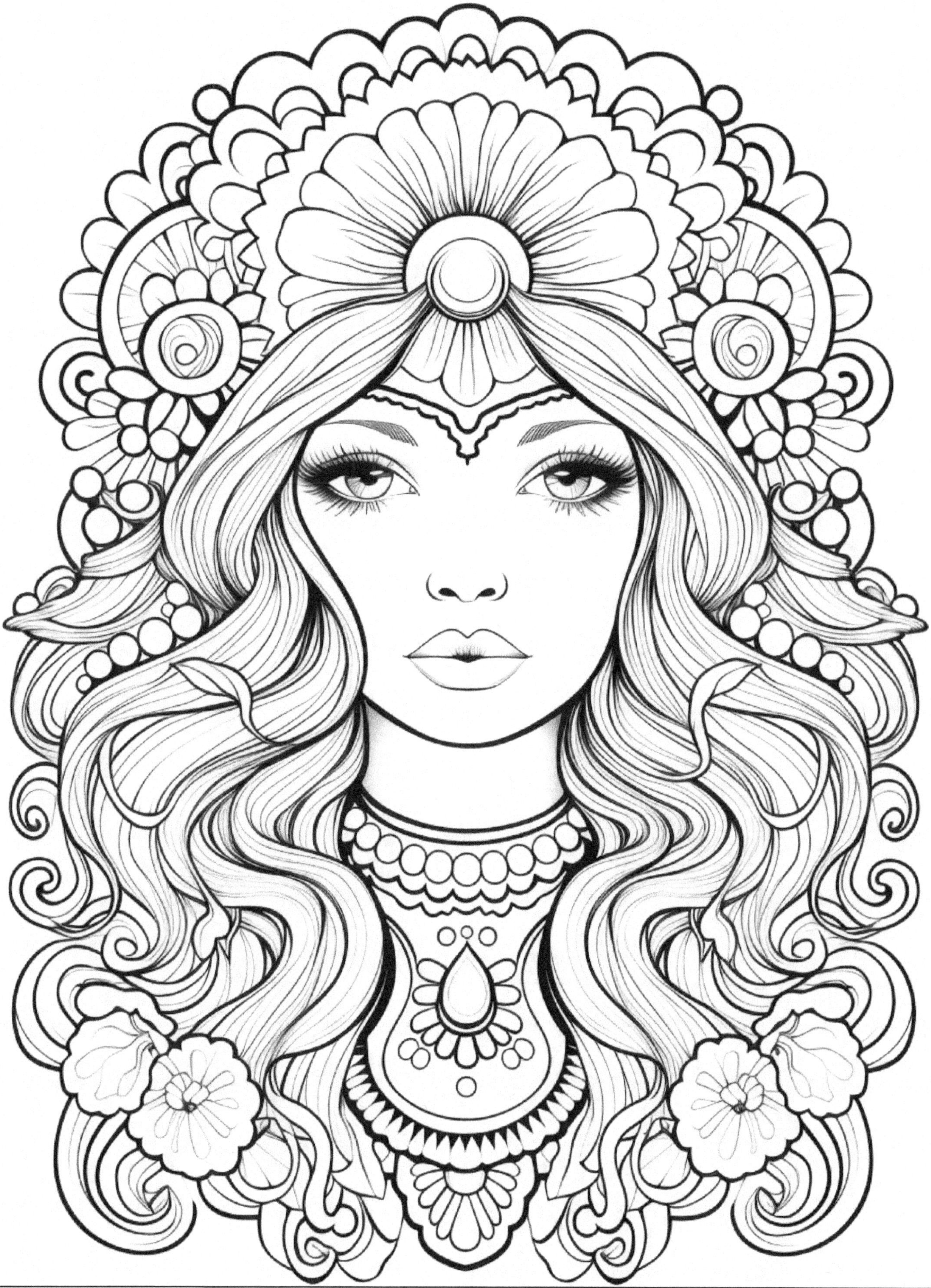

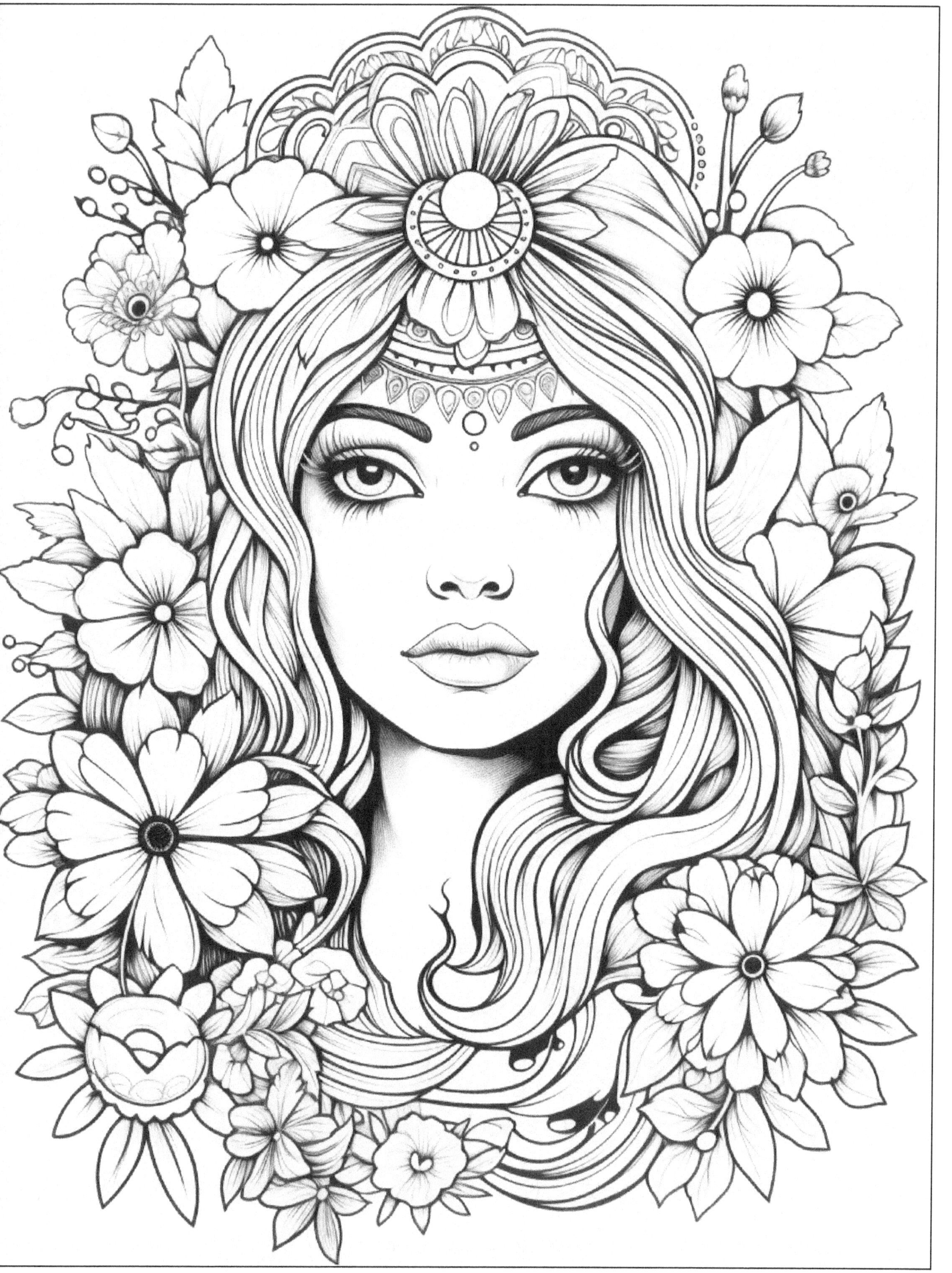

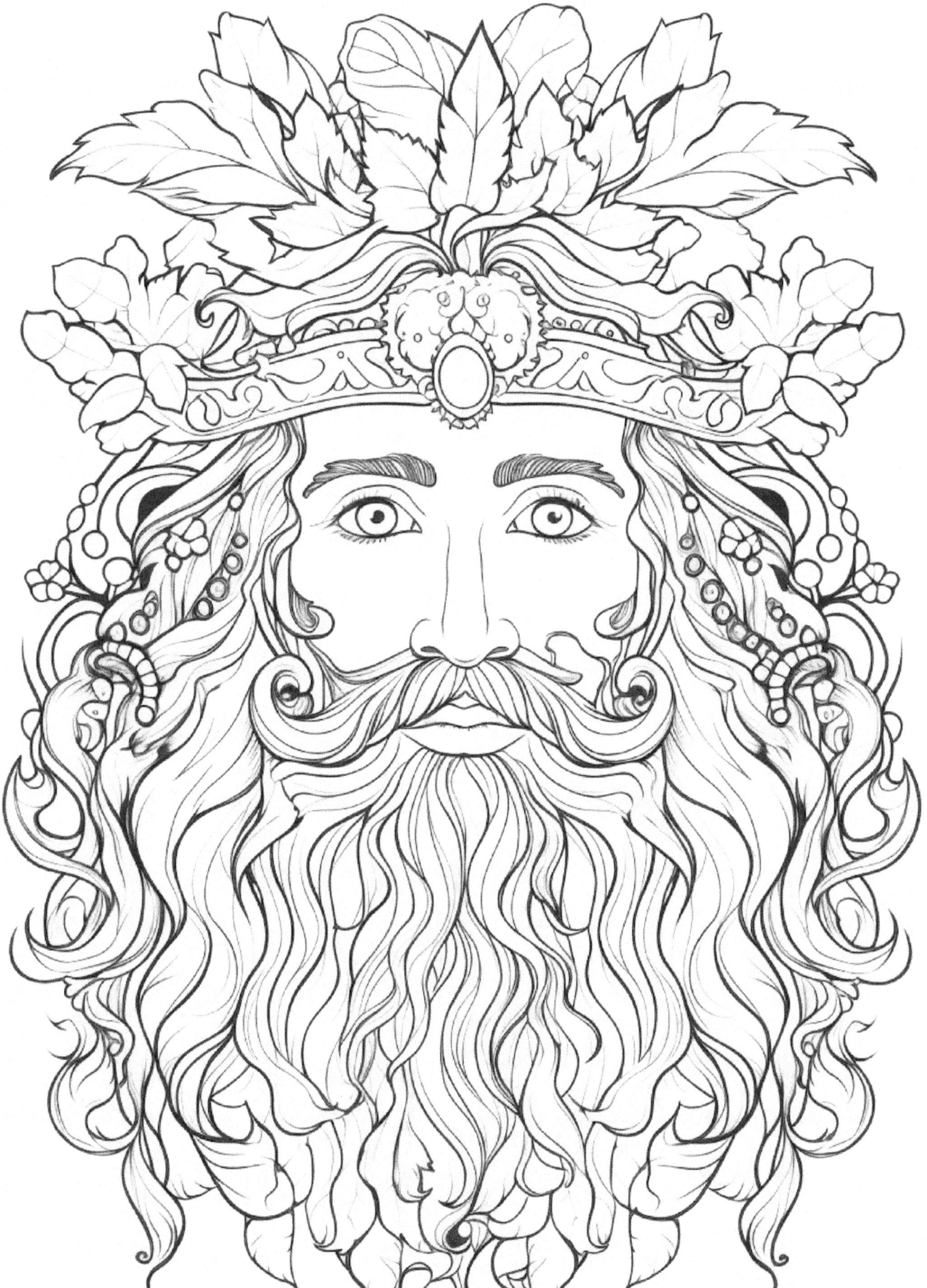

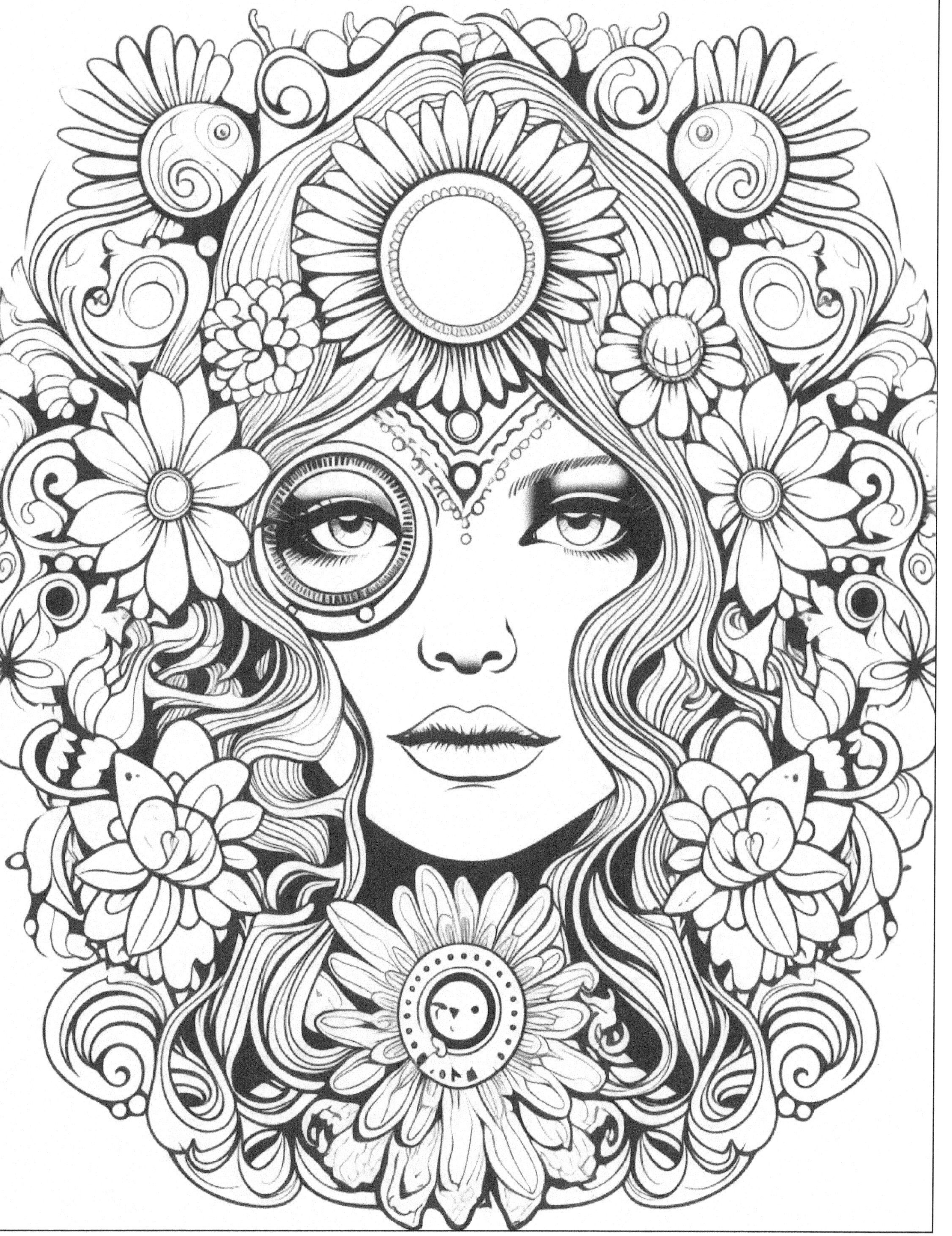

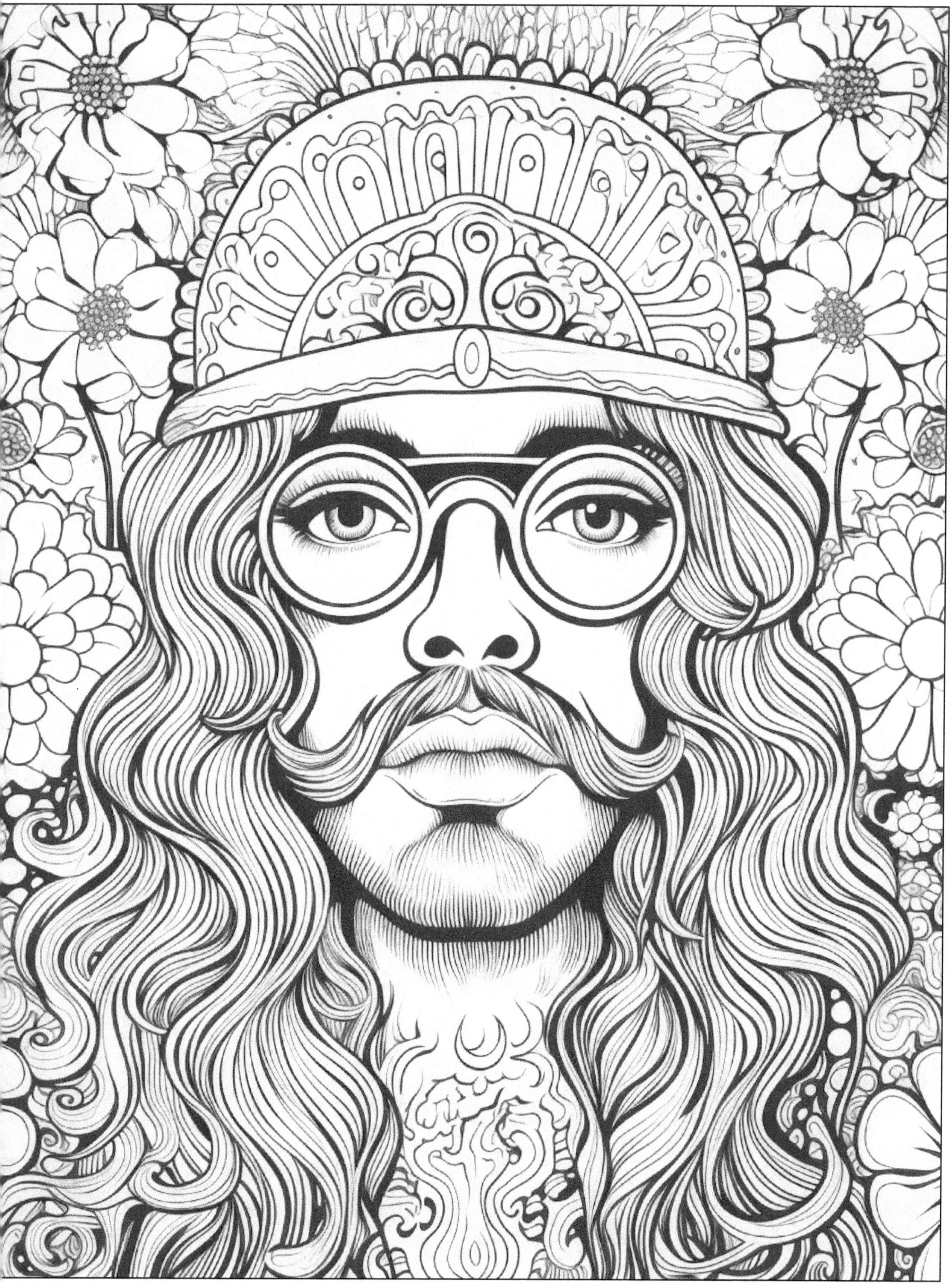

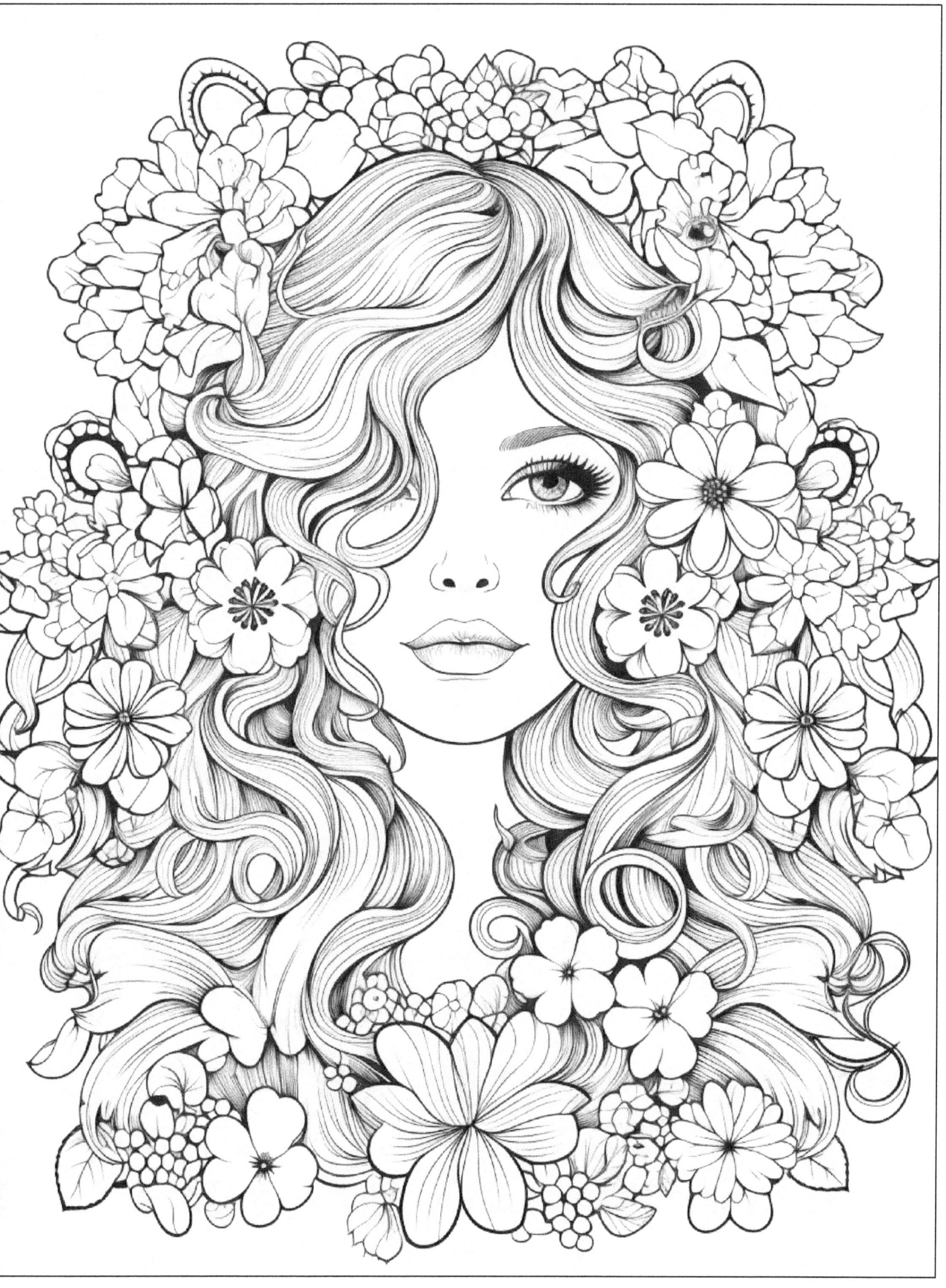

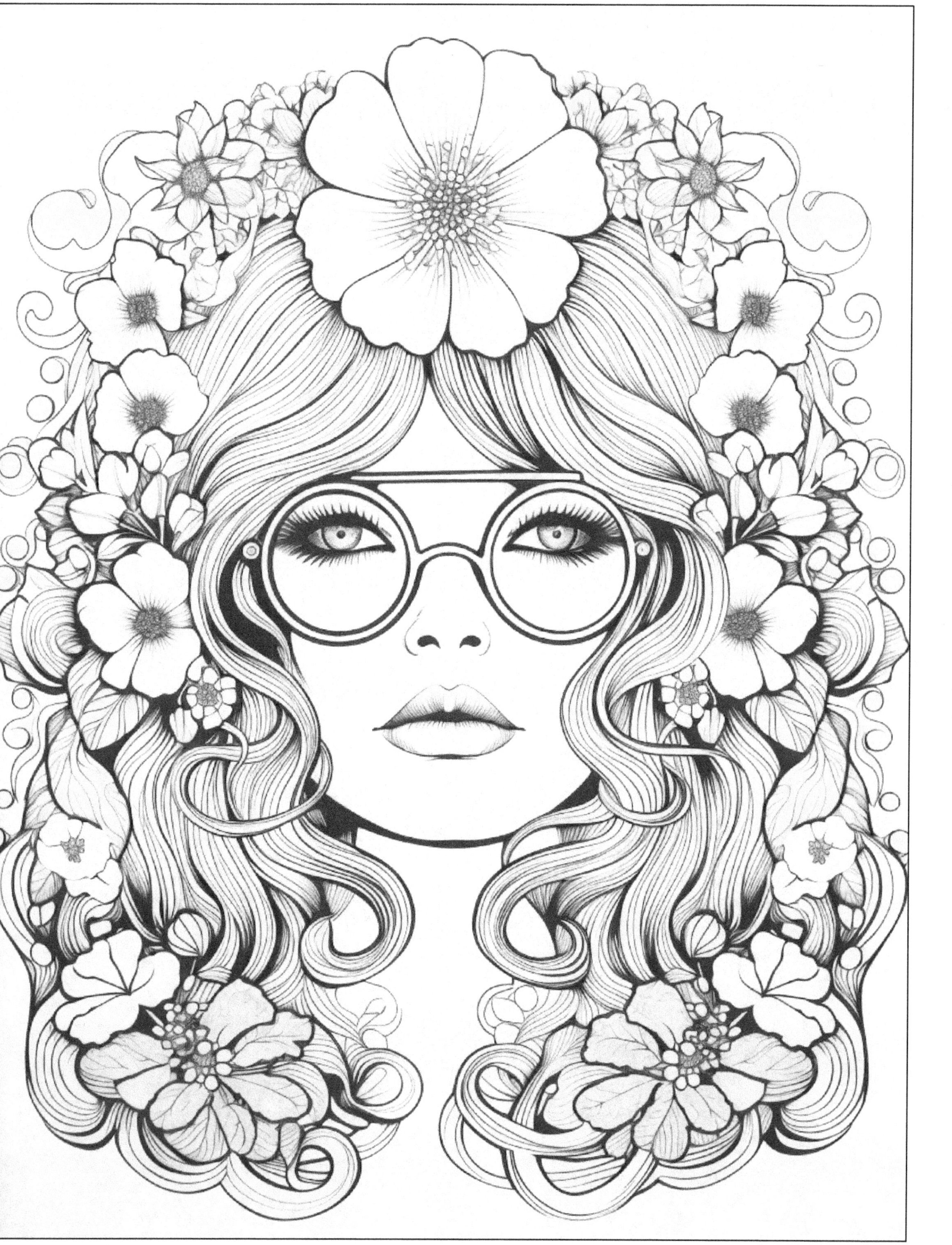

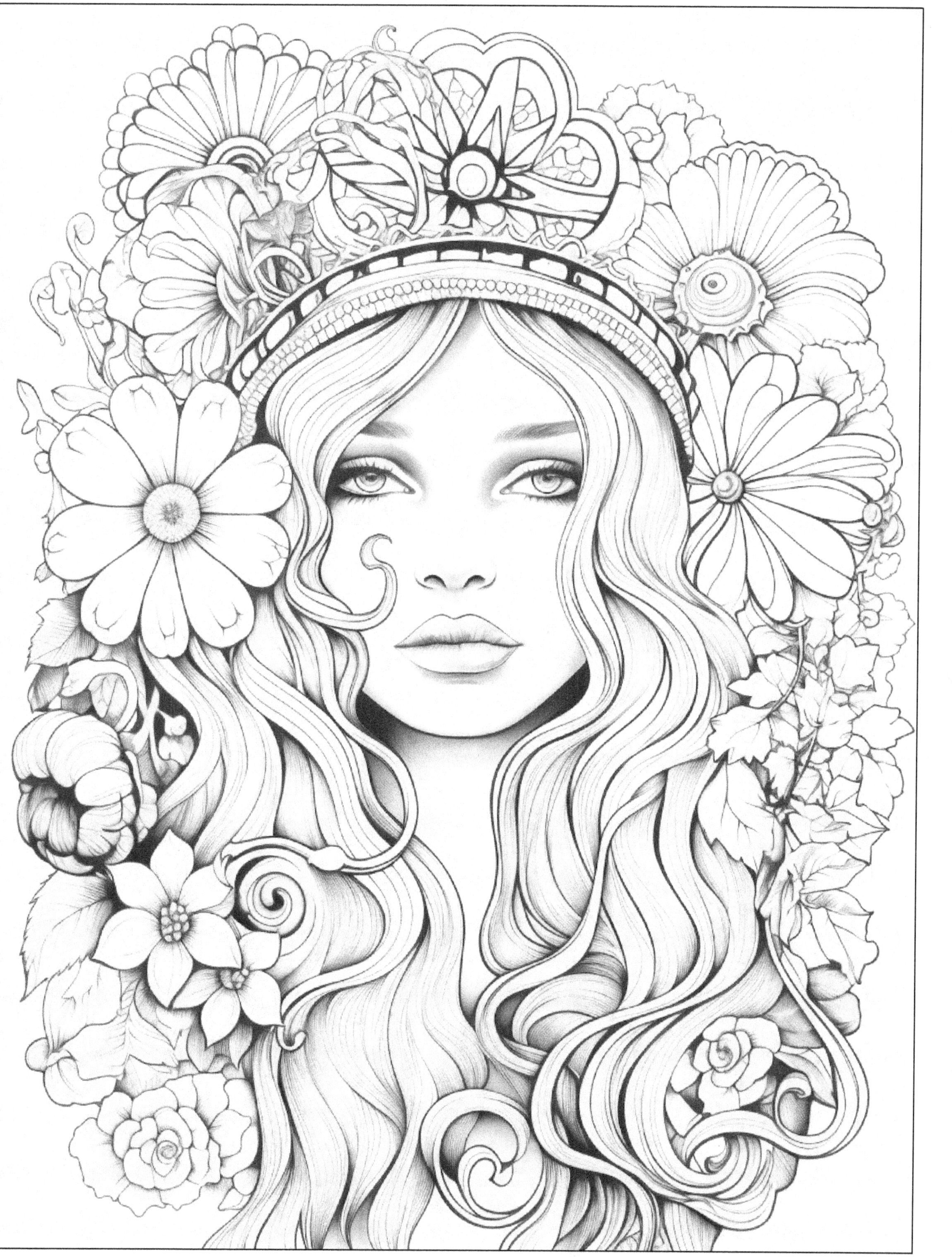

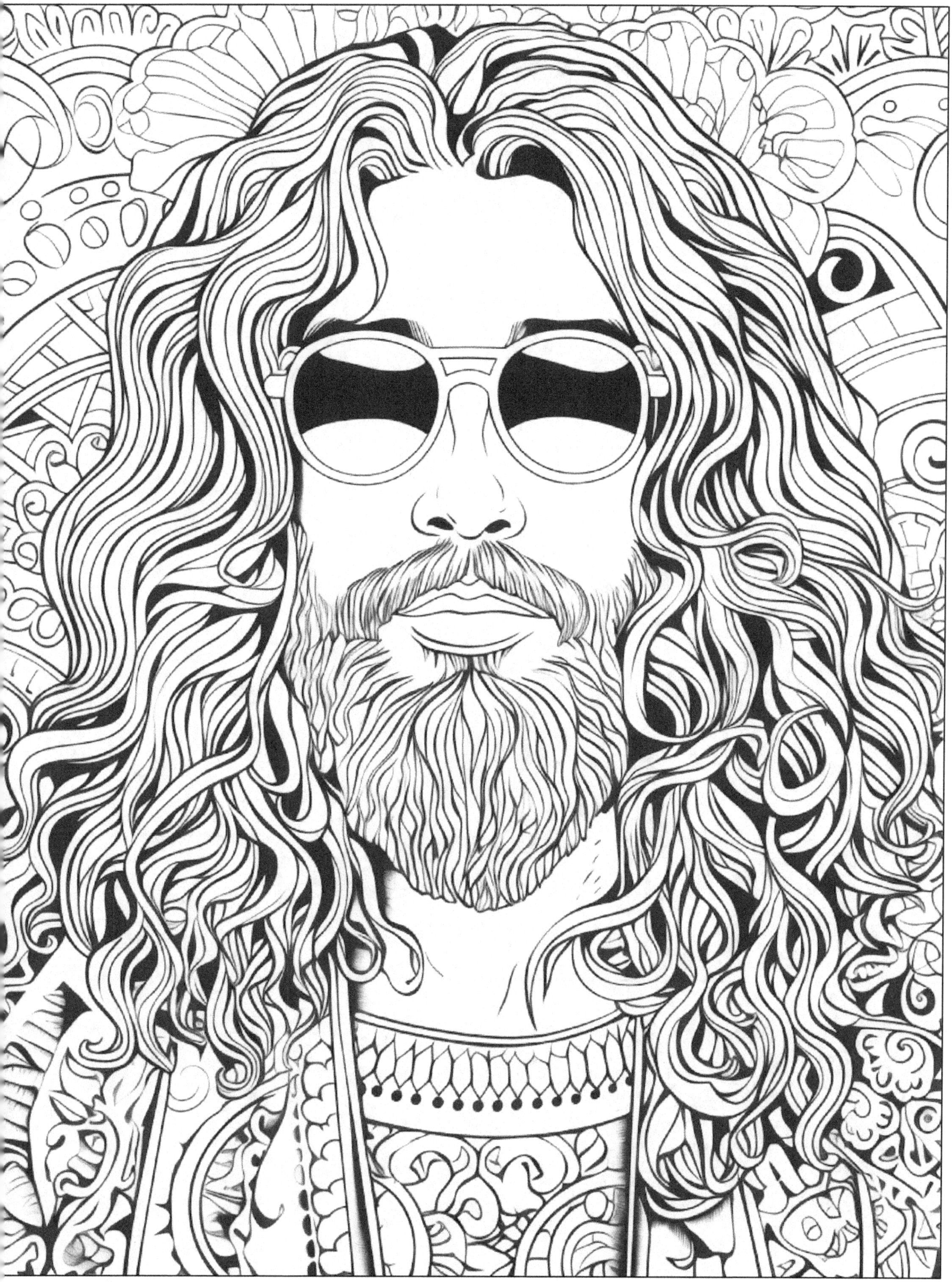

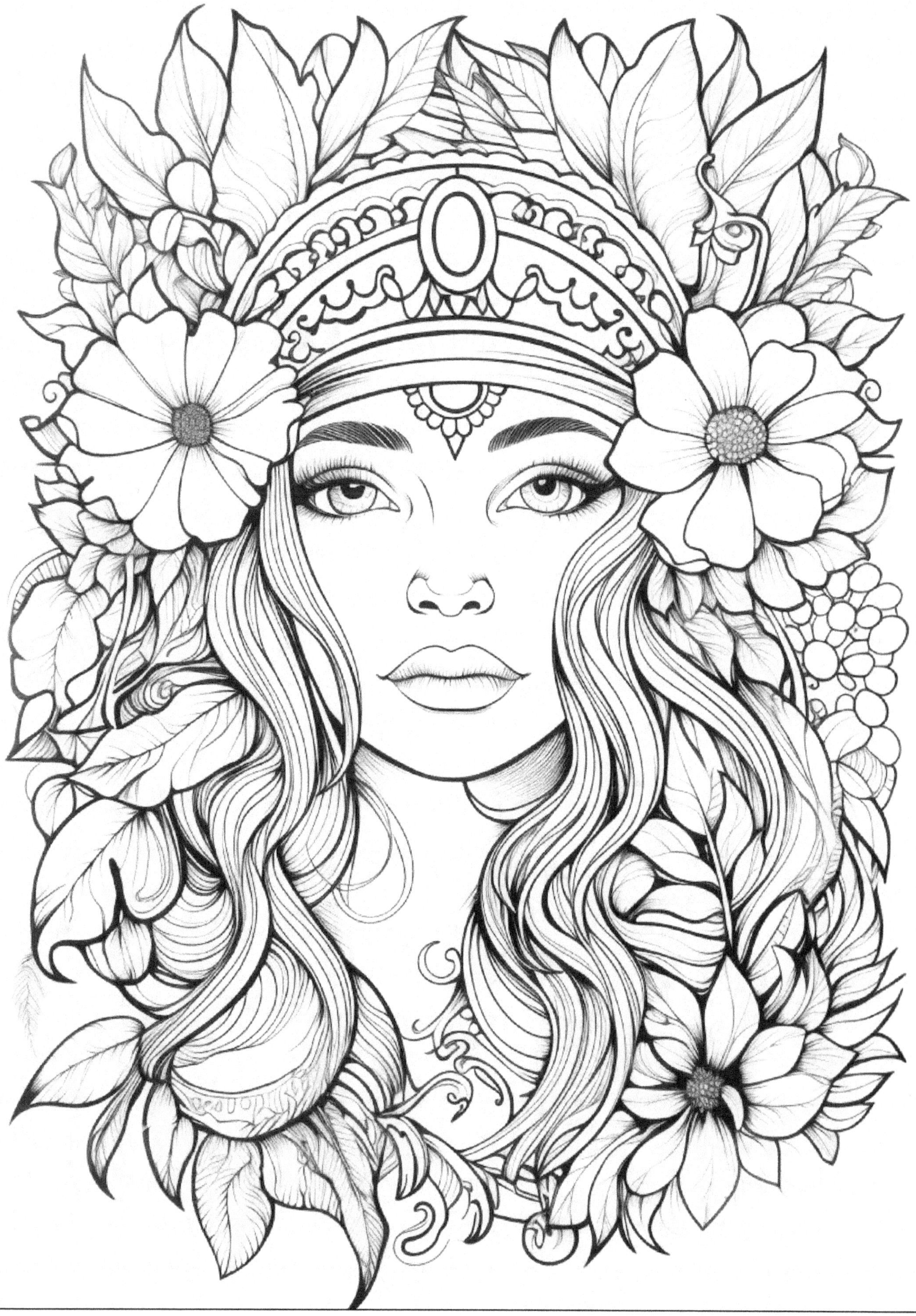

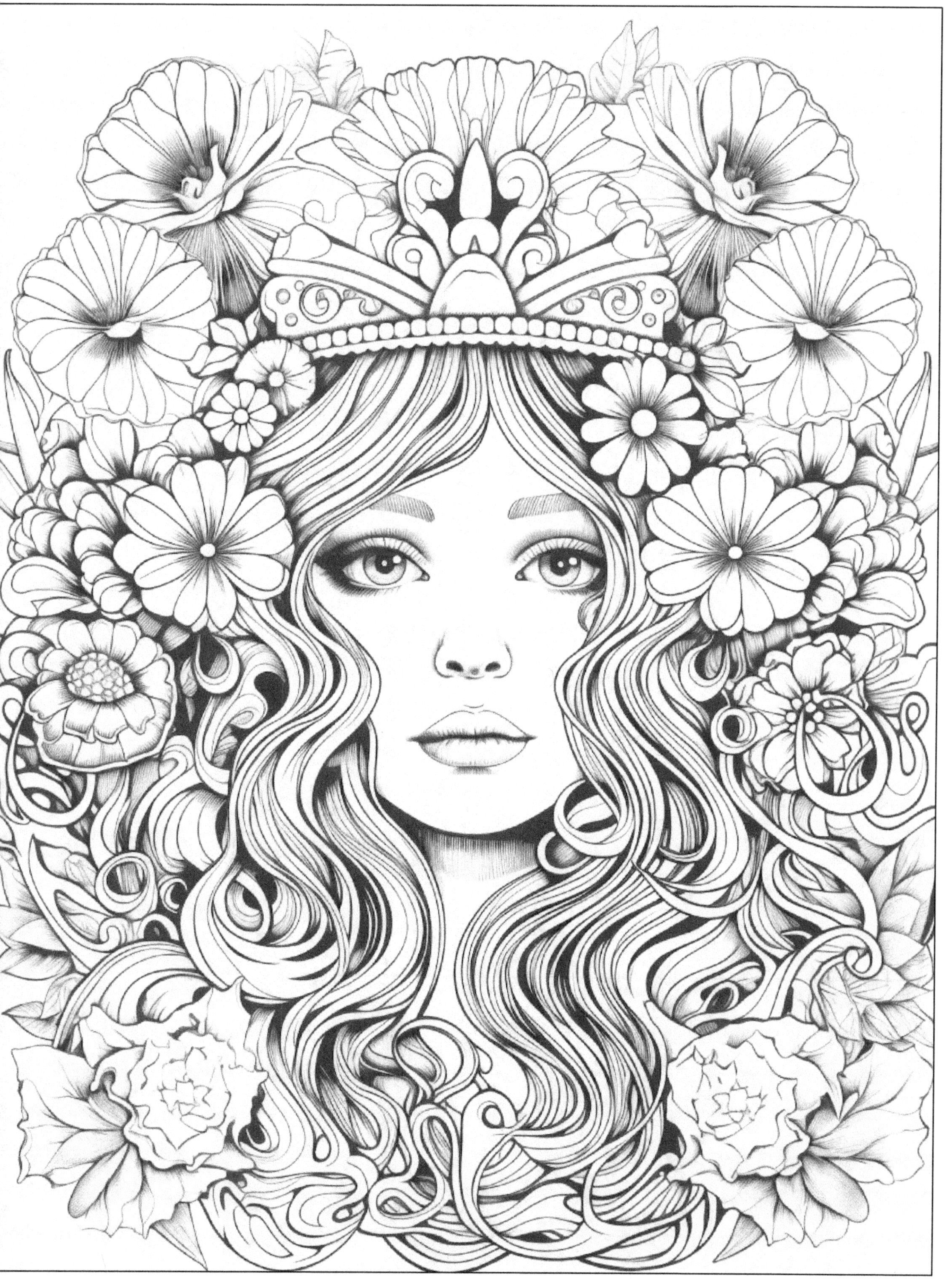

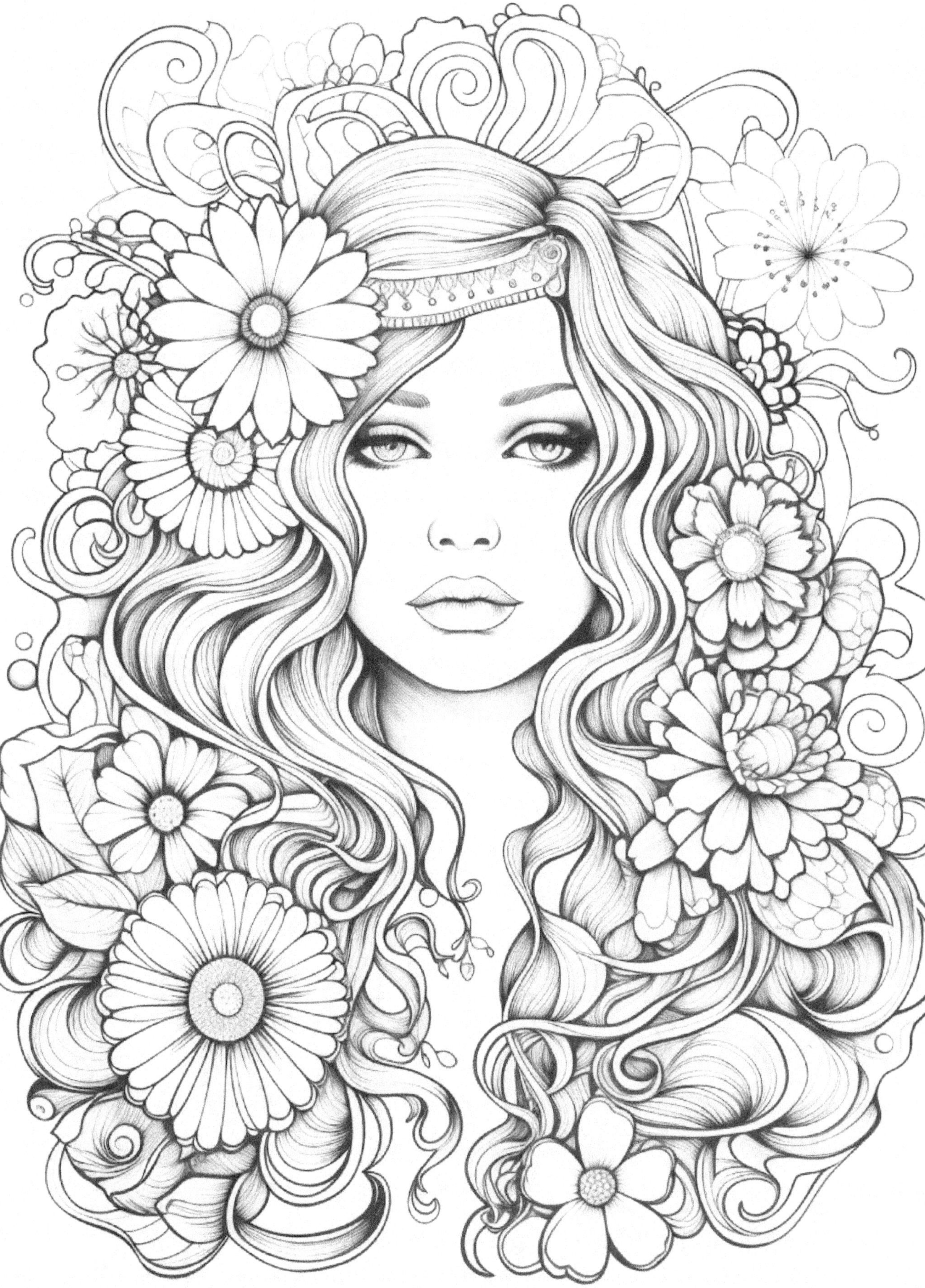

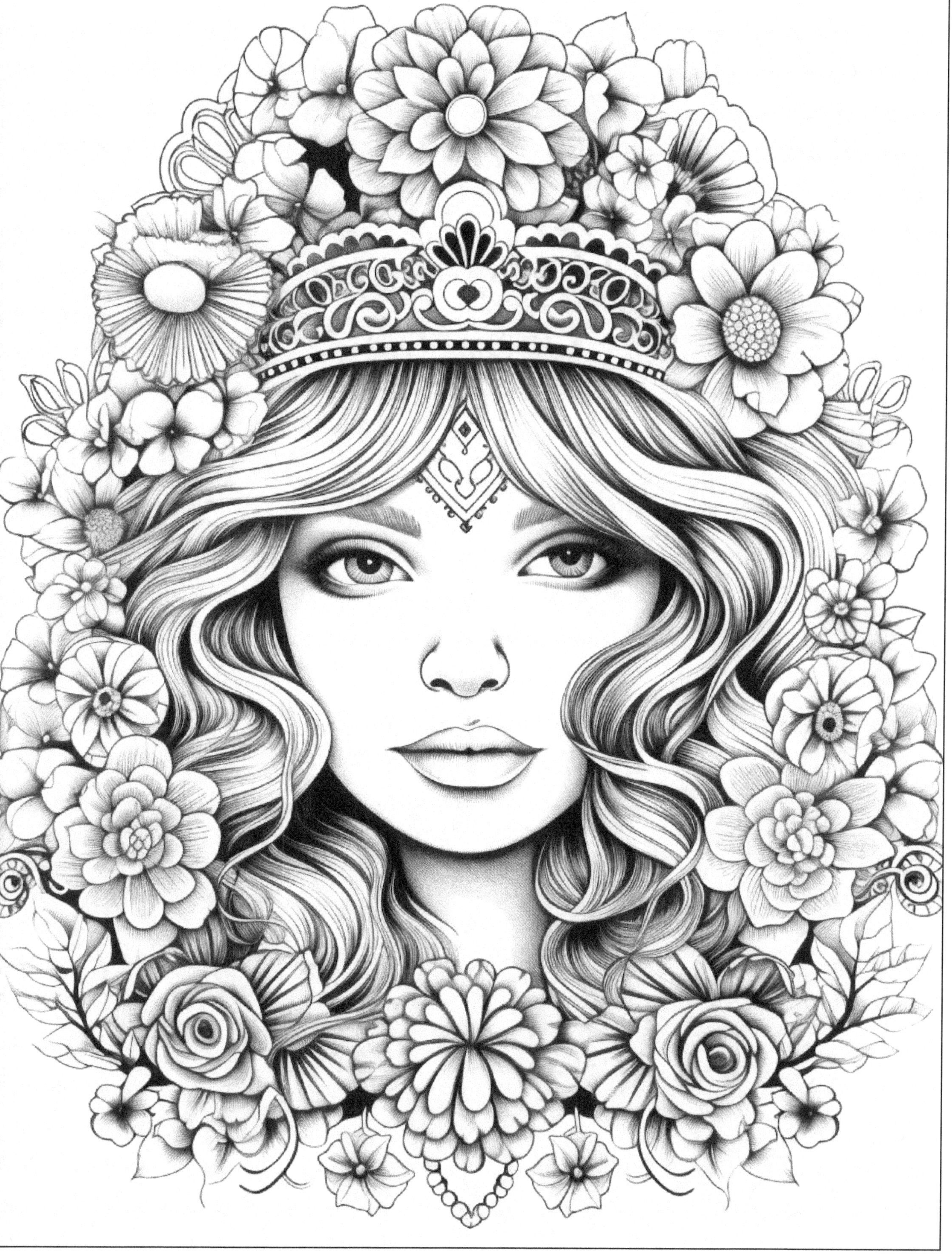

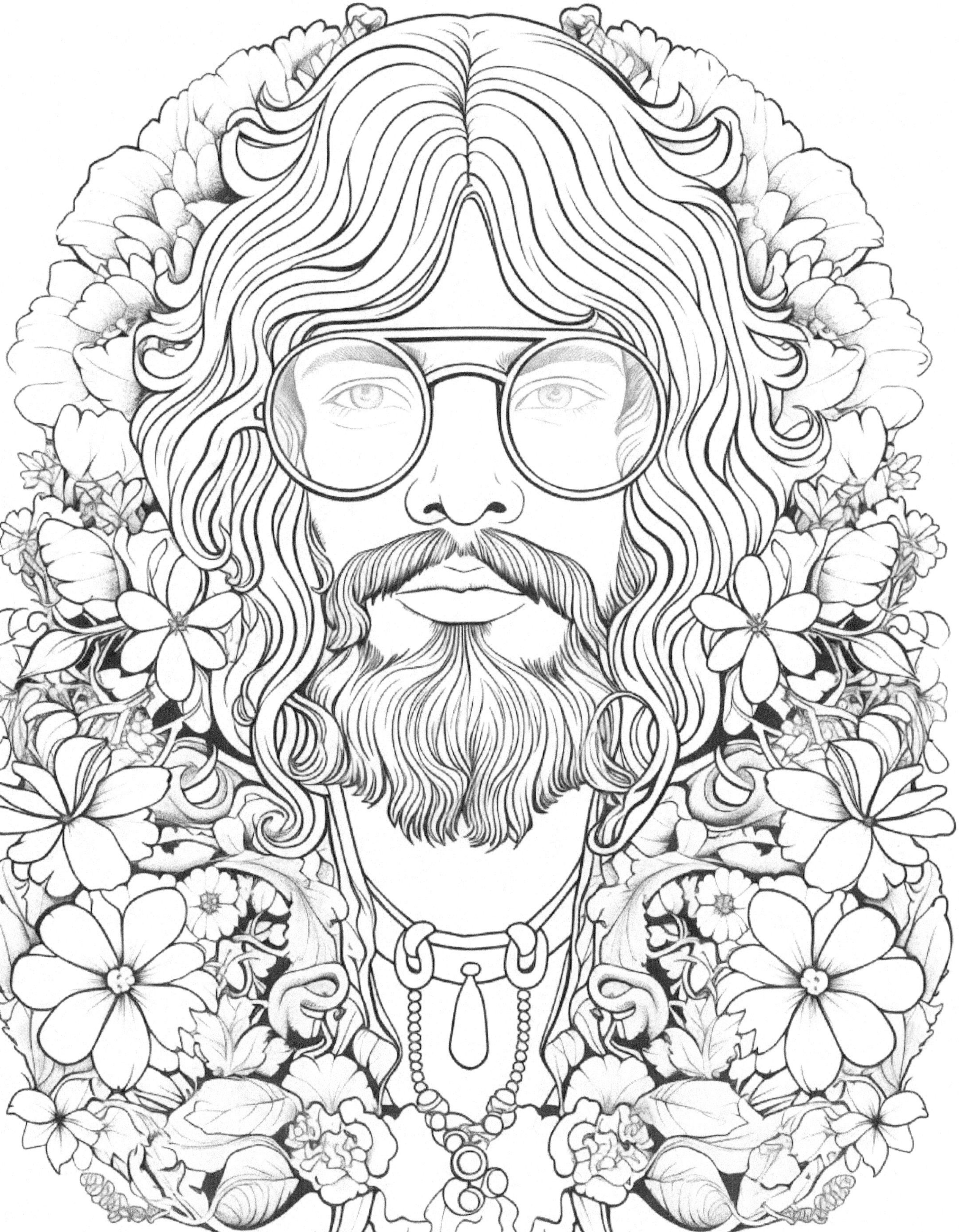

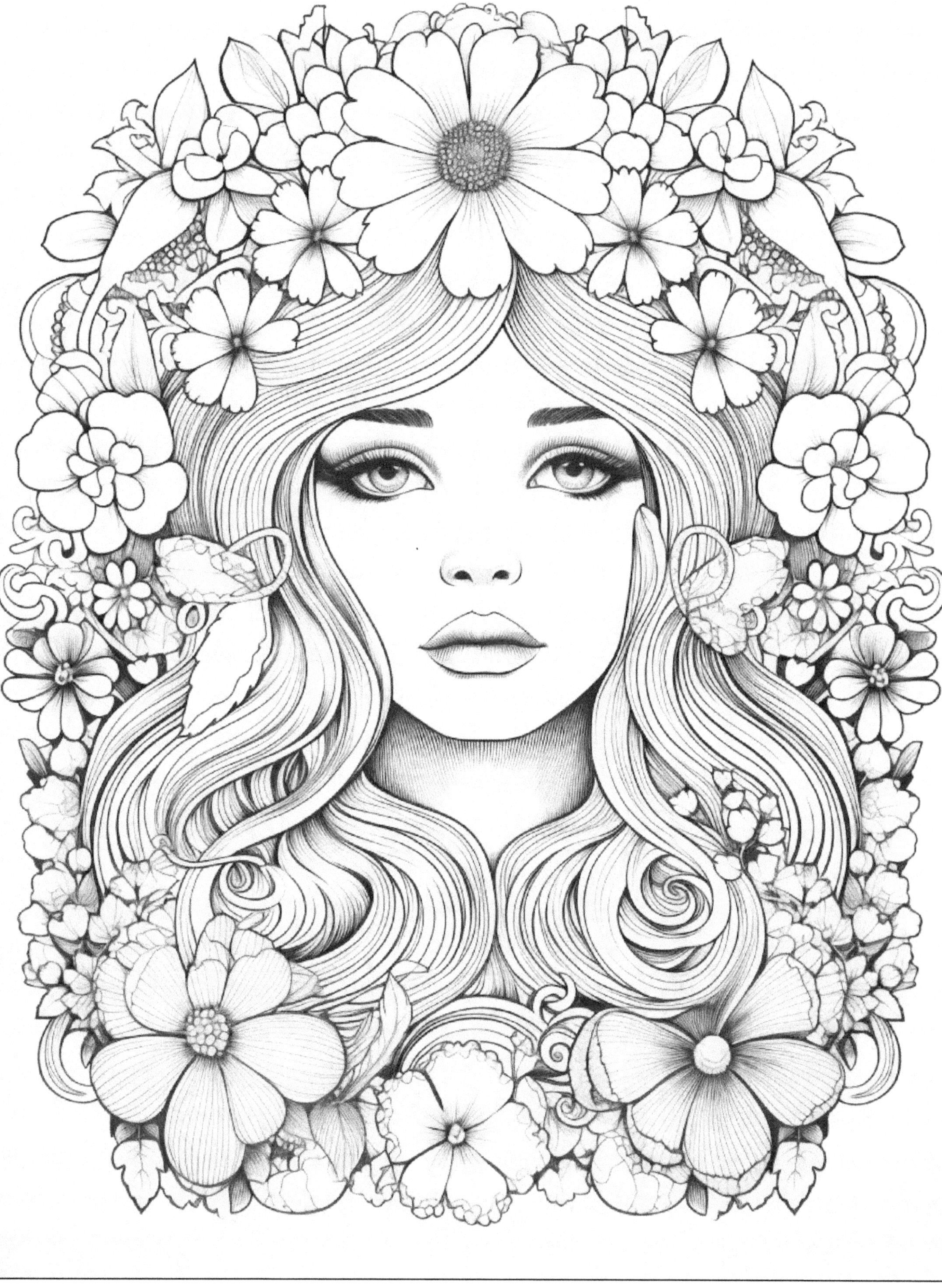

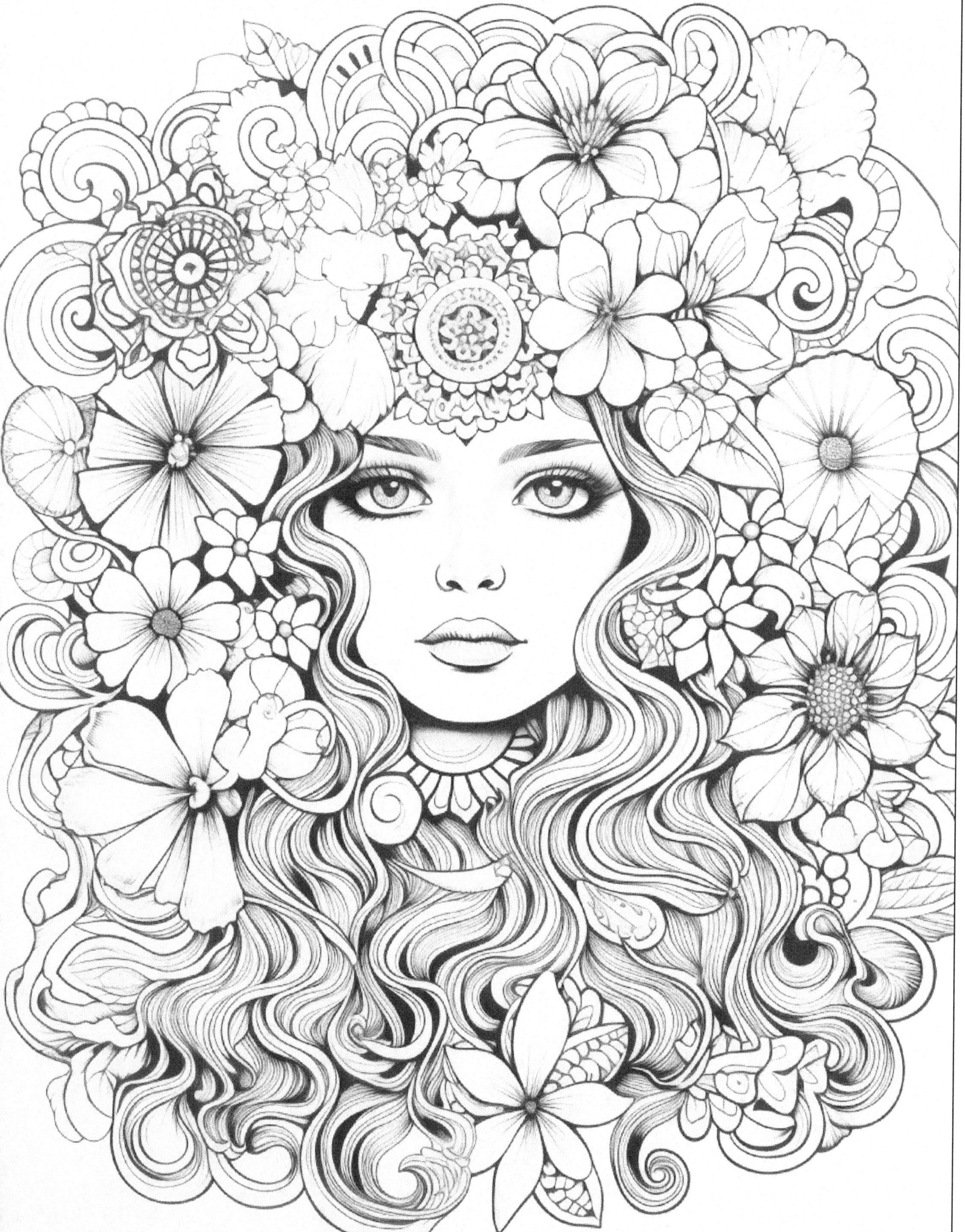

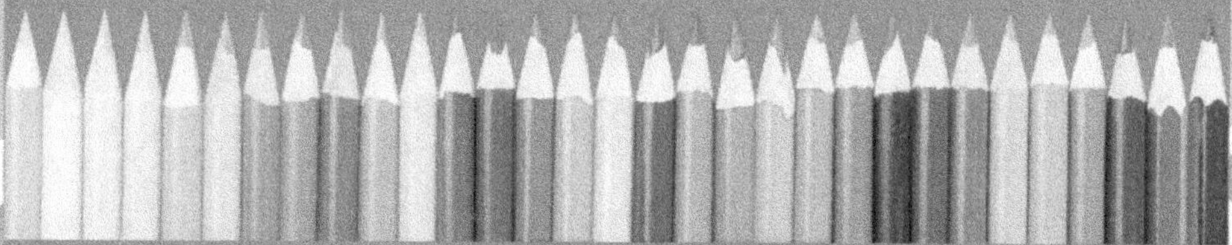

www.ingramcontent.com/pod-product-compliance
Lightning Source LLC
Chambersburg PA
CBHW081116290526
45795CB00006B/2143
* 9 7 9 8 8 8 0 1 3 0 5 1 1 *